慶元縣志輯

第九册

【光緒】慶元縣志 一

《慶元縣志輯》編委會 編纂

浙江工商大學出版社
ZHEJIANG GONGSHANG UNIVERSITY PRESS
·杭州·

第九册　分目録

【光緒】慶元縣志　十二卷 首一卷

［清］林步瀛　史恩緯　主修　史恩緒　纂　清刻本

林步瀛，號研齋，福建永泰縣嵩口人，具體生卒年待考。同治七年（一八六八），與其兄長林懋祉同登洪鈞榜進士，一時『同宴瓊林』傳佳話。同治十年、十三年先後兩任慶元縣知縣。其間，積極抵禦匪盜，夏旱禱雨，且行平糴之策。同治十年十一月署知遂昌縣，調補平湖知縣。一九一一年辛亥革命後一度回鄉，在福州女子師範學校授徒，冰心即其學生。林步瀛在浙江任職多年，一九二七年歸里後，以授徒爲生，不久因貧病而卒。

史恩緯，字静伯，順天宛平（今北京市）人，監生，光緒二年（一八七六）七月任慶元縣知縣，後於二十年三月任遂昌縣知縣。二十二年，其在《重修遂昌縣志序》中，介紹自己『仕浙江數十年，踪迹亦遍浙江東西，歷權新城、分水、象山、嘉善諸縣篆，未嘗不以搜羅掌故、勸懲風俗爲己任』。處州知府潘紹詒嘉其『勇於任事而捷於奏功，裨於慶事不少也』。其餘事迹及具体生卒年月待考。

史恩緒，字潤生，順天宛平（今北京市）人，同治九年（一八七〇）庚午科進士，任内閣中書，後改浙江候補知府。其父史致諤，道光十八年（一八三八）進士，官至江西南昌知府。其餘事迹及具體生卒年月待考。

是志凡十三卷。叙事上起宋天聖二年（一〇二四），下迄光緒三年（一八七七）。距道光縣志三十餘年，道光二十三年（一八四三）以前，悉仍其舊，增添道光二十三年以後的相關内容。卷首有當時處州知府潘紹詒，慶元知縣林步瀛、史恩瑋分别所作之序，以及銜名、凡例、目録、圖；正文依次爲封域、建置、賦役、學校、禋祀、武備、風土、官師、選舉、人物、雜事、藝文等。卷末附有康熙縣志以來原序十篇，另有程志序録、闞志序録、吴志序録各一篇，季灯、吕榮華的跋各一篇，全書約二十七萬字。

是志最早是在咸豐八年（一八五八）由時任慶元縣知縣林步瀛規劃重修，但因其旋調攝平昌篆，事遂中寢。光緒二年（一八七六），再次啓動重修，又因爲秋闈校士，奉調解任，未能完成。後由接任知縣史恩緯踵步主修，教諭韓錦濤、訓導高奉藻協修，史恩緒總纂而成之，『正其舛訛，增其散佚，而復周諮博訪，遠紹旁搜。凡制度典章、人文物産，莫不詳加搜討』。

與道光吴綸彰《慶元縣志》相較，是志『以新獲用益舊聞』而更加完備，如《封域志》，吴志已備，惟山川脉絡，在地成形，僅繪縣境總圖，殊欠詳晰。兹特親歷各鄉，分繪都圖，弁諸卷首，庶險要可按圖而稽，名勝亦一覽備悉，其他各志亦『詳查補載』；再，糾正程維伊志書中的不妥之處，擇優選用關學優縣志中可取之處，如《學校志》，『程志并入禋祀，殊涉輕簡，兹從闕志，分立學校，以昭鄭重』。《武備志》，『吴志以程志不載武秩，失之苟簡，應事忝列，今仍其舊』。等等。

是志修於光緒三年（一八七七），同年刻印。綜觀歷代《慶元縣志》，是志爲體例最完備、保存最完好之版本，浙江圖書館、上海圖書館有收藏清刻本，一九八五年，中國人民政治協商會議浙江省慶元縣委員會文史資料研究委員會曾注釋編印。今據慶元縣圖書館電子版影印出版。

半頁九行，行二十字，上下單邊，左右雙邊，黑魚尾。版心載書名、卷次、卷名和頁碼，卷端題『知慶元縣事林步瀛、史恩緯重修』字樣。（李巖）

慶元縣志

光緒丁丑
仲春重修

序

自周官外史掌四方之志小史掌邦國之志後之郡縣乃師其意各自爲志之與史例雖不同而於政治所鑒觀之道則同歸也夫以今日而談吏治固

無事他求幹濟漫詡神通即此一方掌故參詳務得其宜實予唯求乎是因勢利導捄弊補偏治譜官方端於是賴此挽遺訂墜余所以諄諄爲十邑諸賢勗也慶元屬括西南境毘連閩

嶠距郡獨遥越嶺瀕河聲爰每
爭先恐後官斯土者風塵奔走
日迫征輸簿書期會之繁已形
況瘁往往莅任未及期輒思引
代去雖與訂農桑之經紓治
安之策幾欵力不遑給顧未

遠儻已數十年文風不振殆亦
職是故歟余于庚午秋奉守是
邦察所屬大半已遭匪擾惟
慶邑以籌防團禦竟獲保全雖
關隘雄險足憑而其士民之義
憤固有足多者今而賣劍買牛

投戈講藝唯在良有司風化轉移之善術況山川靈淑鬱而必舒潛德幽光隱而待闡不亟採風問俗考獻徵文將墜緒奚令就湮責焉誰屬余方切於有事於郡乘要非得邑志之集不

為功去歲丙子秋史君静伯懷明敏才奉檄來權慶篆初謁余首以邑志屬史君既之官遂集紳張局取舊志正其舛訛增其散佚而復周諮博訪遠紹旁搜凡制度典章人文物産莫不詳

加蒐討据摭靡遺越六月而稿成問序于余余嘉史君之勇於任事而捷於奏功其有裨于慶不少也後之覽是編者舉一邑之風土民情瞭如指掌而于治道不已思過半耶爰樂爲弁

其簡端時
光緒三年丁丑仲春月穀旦
欽加三品銜知處州府事加三
級元和潘紹詒撰

重脩慶元縣志序

慶隸栝末邑，中深僻幽阻，舟車不通，名人遊歷，足跡多所不至，然而民皆務本業，崇節儉，猶有山樞甕牖之風焉。邑志纂脩於康熙壬子程君維伊，繼脩於嘉慶辛酉閔尹學優續修於道光壬辰吳尹綸彰攸脩於道光癸卯宋尹璦迄今又三十餘年雖山川猶是民物猶是而損益沿革關乎政教者闕焉弗錄何以備物垂軌而資考鏡又況識

豐戊午粵匪竄擾縣之壯鄉閤邑震動其時捍禦捐軀與義烈之士詎委諸蔓草荒烟貞潔之操忍聽其碑殘碣歟余初蒞是任詢諸故老咸耿耿於邑乘之未及修也旋因請

攝平昌篆事遂升寢回任之次年議後肆時值夏旱禱雨行平糶未遑蓋願去歲引邑中之髦碩共襄採輯遺以秋闈校士事調繆任事得史君靜伯踵而成之今參數

以書來促余爲序余方慽有
志未逮敢言序哉顧余於斯
志獲廁經紀之列竊自喜慶
樂觀其成不可謂非厚幸也
爰識數語以弁簡端云
光緒三年歲次丁丑孟夏之吉

賜進士出身同知銜前慶元縣知縣閩中林步瀛序

重修慶元縣志序

志所以詳風土紀文獻考沿革資勸懲也值代遠年湮雖流風餘韻不至泯沒而耆舊無存終不免抱殘守闕端賴後人繼起而修葺之慶邑在處郡萬山中

民俗樸厚士風修整凡忠孝義烈以及山林隱逸代有傳人山川風景勝境名區亦甲於他邑

邑志創自前明萬曆時

國朝康熙壬子程君維伊始修

嘉慶辛酉關君學優復修道光

壬辰癸卯間吳君綸彰宋君琛先後補輯迄今又幾四十年矣山川如昨其間土宜之增損津梁之興廢人事之代謝何如耶恩緯於去秋捧檄來權斯邑適前宰林君步瀛規畫重修志事

未就而去夫興利除弊修明掌故表彰賢達以寓勸懲邑宰事也況志爲一邑記載所存凡山川之要隘田賦之均平溝洫之通利學校之崇尚人才之盛衰以及廢墜之宜舉宜修成憲之

宜遵宜守所謂前事不忘後事之師者爲宰者不益當於此考鏡耶又況烽火迭經忠義之士之死靡他城賴以完邑賴以保禦災捍患之勞昭人耳目簡冊藉以增光而後之人聞風興起

頑廉懦立宜何如展卷流連也恩綽不敏竊幸承乏斯邑與聞此事爰率邑之紳耆延請纂修諸君勤採訪慎體例剋期襄辦道光癸卯以前悉仍其舊閱半載而草創成復偕邑之學博韓

君錦濤高君鳳藻詳審叅訂以
質後之君子時
光緒三年歲次丁丑正月
賞戴藍翎知州銜署慶元縣知
縣宛平史恩緯謹序

重修慶元縣志銜名

督修

二品頂戴浙江分巡温處海防兵備道　方鼎銳

監修

鹽運使銜浙江處州府知府卓異候陞　潘紹詒

主修

同知銜　正任慶元縣知縣　林步瀛

知州銜　署理慶元縣知縣　史恩緯

協修

內閣中書銜慶元縣教諭韓錫濤

署理慶元縣訓導高鳳藻

總纂

內閣中書銜平史恩緒

協纂

候選教諭拔貢生吳炳文

總校

五品銜前署長興縣訓導姚逢昌

理問銜前署分水縣訓導姚文塏

參校

選用訓導吳文淵

恩貢生吳美金

繕寫

廩膳生吳嘉純

增廣生季觀韶

督梓

慶元縣典史左化虎

採訪勸捐姓氏

姚　敘附生　季占衡歲貢　吳文斌例貢

吳其梅歲貢　吳殿懷附生　姚克敬附生

姚　炘廩生　吳美先廩生　余茂林廩生

姚其昌增生　吳彥彰附生　吳煥辰附生

吳文斐附生　吳元彰監生　姚文瀛增生

吳有書附生　吳汝瑛廩生　藍世珍廩生

姚　典廩生　吳　葵歲貢　季　鑑例貢

吳飛熊恩貢　吳肇勳廩生　許作舟歲貢

丁思濂增貢　姚爲銓耆賓　周以騏恩貢

楊夢申附生　吳登森監生　葉榮昇監生
劉其郁監生　范成恩武生　陳子彥廩生
吳寶琛廩生　吳承論監生　吳紹傳歲貢
吳　鶚廩生　吳福奎增生　吳時珍附生
吳耀璋附生　吳　璋監生　吳温元武生
吳其標武生　夏煥椿監生　劉肇周附貢
吳　鑑廩生　吳逢昌廩生　吳登瀛監生
何紹先庠生　季　斌縣丞銜　葉應嘉耆民
季鴻恩監生　范元泰監生　葉見龍例貢

柳晉蕃監生　張步彪武生　葉抱雲附生

劉煥新附生　吳玉田附生　吳釆芹監生

姚亞昌附生　吳家讓附生　陶元塏附生

胡培源附生　姚　紀職員　葉宜行耆賓

吳有欽監生

慶元縣志凡例

一慶志自道光年間知縣吳綸彰宋琛補輯後迄今三十餘載人才輩出深恐年久就湮今以新獲用益舊聞續貂之誚在所不辭

一封域志舊志已備惟山川脉絡在地成形僅繪縣境總圖殊欠詳晰茲特親歷各鄉分繪都圖弁諸卷首庶險要可按圖而稽名勝亦一覽備悉

一建置志城池秩統市井舖舍無所變更悉沿其舊衙署坊表橋亭間有修建依類補登官倉自咸豐同治

閒軍需賑卹動碾外按實詳載社倉佐常平之不逮疊次奉文勸捐分儲城鄉以備荒歉誠善政也并附書之

一賦役志民生國計所關康熙初清戶口減里役久戴皇仁嗣行順莊革里役尤屬便民良法爾志凡戶口田地山塘額賦雜徵悉遵賦役全書開載嘉慶二十五年因田地坍沒知縣孫榮績詳請豁免虛糧其額徵起運項下奉文裁減及存留各欵均照檔案具登至歷年奉

詔覶恤謹詳列焉

一學校志學宮爲興賢育才之地程志并入禋祀殊涉輕簡兹從闕志分立學校以昭鄭重至學宮位次樂章祭器樂器書籍率土皆同本不必逐一臚陳舊志備載姑仍從之同治間奉發書籍及　先賢先儒奉文崇祀者敬謹補登近年擴充松源書院租息育英儲英二莊田畝暨新撥童生卷田特均補列以垂永久

一禋祀志壇壝廟祠有關祈禱概行採列舊志並列先

達冢墓仍附誌之

一武備志吳志以程志不載武秩失之茍簡應事添列今仍其舊兵制近奉裁併查案備登紀事則咸豐同治間防禦粵逆及平定山岱齋匪分年添誌

一風土志習尚禮制物産今昔無殊悉照舊志

一官師志知縣教諭訓導典史依任補載縣丞主簿雖早裁汰仍留備考其治行循良者公舉立傳用誌去思

一選舉志近年登賢書成進士者殊鮮然經明行修代

不乏人他如保舉議叙援例武職封蔭各途同荷

恩榮特從舊志分類備載

一人物志理學忠節清正文學仕績孝友篤行尚義善良隱逸僑寓方伎舊志分條類叙體製已備兹凡有善可錄者俱核實而表彰之閨摭除舊志已列外有續奉

旌表及憲司給額褒揚者詳查補載有年例合符而尚未請

旌者採訪得實亦為照登用闡幽光而維風化

一雜事志程志僅載祥異叢記闕志因寺觀列禋祀釋

道入人物體裁欠合摘出併列茲仍從之

一藝文志程志列於山川形勝之下闕志别爲一册俾易繙閲今仍其舊舊志叙録悉附卷末遺文近製公同參酌棄取决擇務歸正宗

一綱羅散失表章舊聞王裁秉筆者任之而採輯者之力爲多自粤逆竄擾以來淛中重遭兵燹慶邑僻處山陬獨稱完善舊板尚存兹從而增補之雖間有釐正疏畧仍所不免繩愆糾謬匡其不逮是所望於後之君子

慶元縣志目録

卷十

人物志上

慶元縣志圖

慶元縣境全圖
東距西二百三十里
東南距西北二百六十里
東北距西南一百五十里
北距南一百二十五里
景甯縣界
東
壽甯界
黃泥盈
湖边
二都
官塘
石塘
左溪
連溪
上坑
二都
青田
根岡
竹坪
青竹
木桥頭
梅樹
二都
蒲潭
南洋
楊桥
大岩
黃荷
沙地
底壁
石板
黃垟
賢良
黃垟兒
二都
西川
下岩
五大保
二都
嶺頭
楓坳
一都
石記岱
一都
楊家庄
包謝
包采
一都
橫嶺
一都
舉溪
東溪
西溪
轉水
洛嶺
一都
後坑
蔡地
魚川
福建
壽甯
界
蓬家山
范處
福建政和界
東山後
楊家後
柿兒
后田
周墩
書院
蓋竹
甘竹山
桥
梧桐
青草
半山
黃土洋
黃皮
二都
萬里林
齋郎
竹坑山
哈湖
景甯縣界

北
龍泉縣界
福建浦城界
高山
十二都
十一都
後寮
東山頭
八都
五都
黃洋
大澤
陳邊
洋頭
吳村
羅源
上源
中村
福建松溪界
黃坛
栗洋
龍泉縣界
二都
高際
四都
上庄
學后
金村
樓溪
六都
蔡段
洋里
余村
米村
坑里
芸洲
樟坑
七都
中村
隆宮
張地
下安溪
三都
半嶺
南坑
方塘
三都
大濟
松溪界
政和界
文廟
城隍廟
文昌閣
節孝坊
武廟
縣署
儒學
東
西
烏石嶺
源頭
南

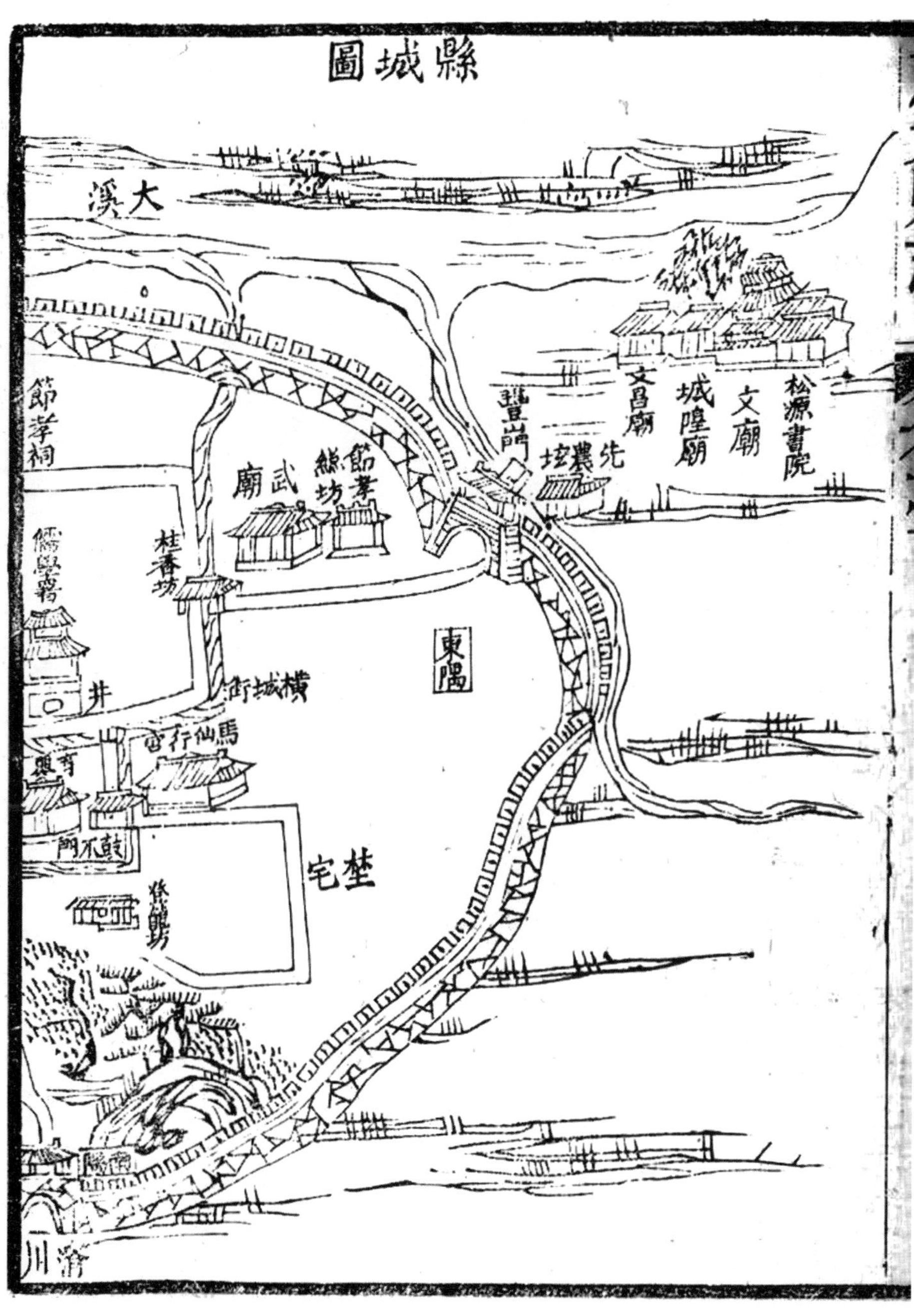
縣城圖
大溪
節孝祠
武廟
節孝總坊
桂香坊
儒學署
井
横城街
馬仙行宮
埜宅
東隅
先農坛
文昌廟
城隍廟
文廟
松源書院
濟川

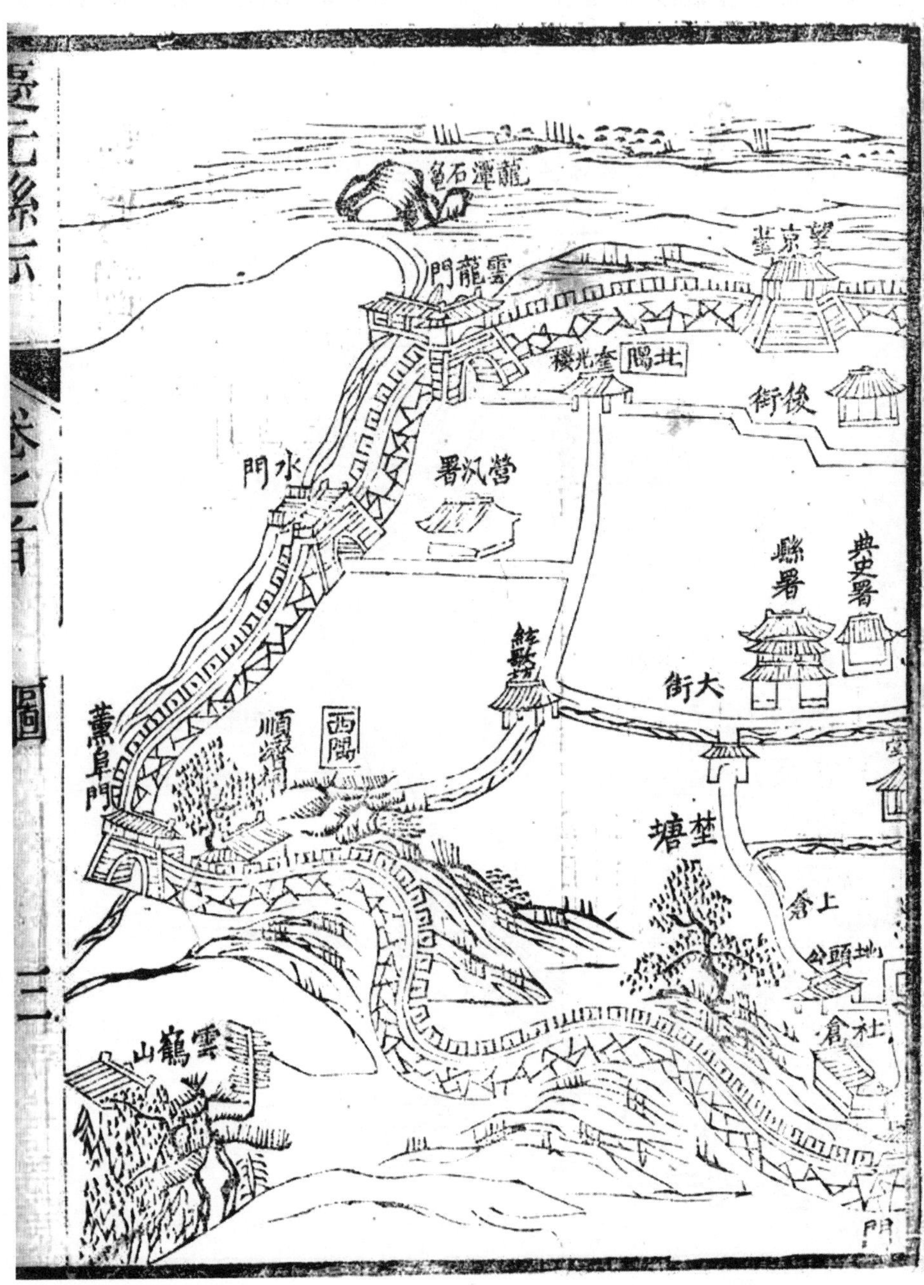
慶元縣志　卷之首　圖　三
龍潭石龜
雲龍門
望京臺
北關
奎光樓
後街
水門
營汎署
縣署
典史署
大街
西關
薰阜門
埜塘
上倉
社倉
雲鶴山
門

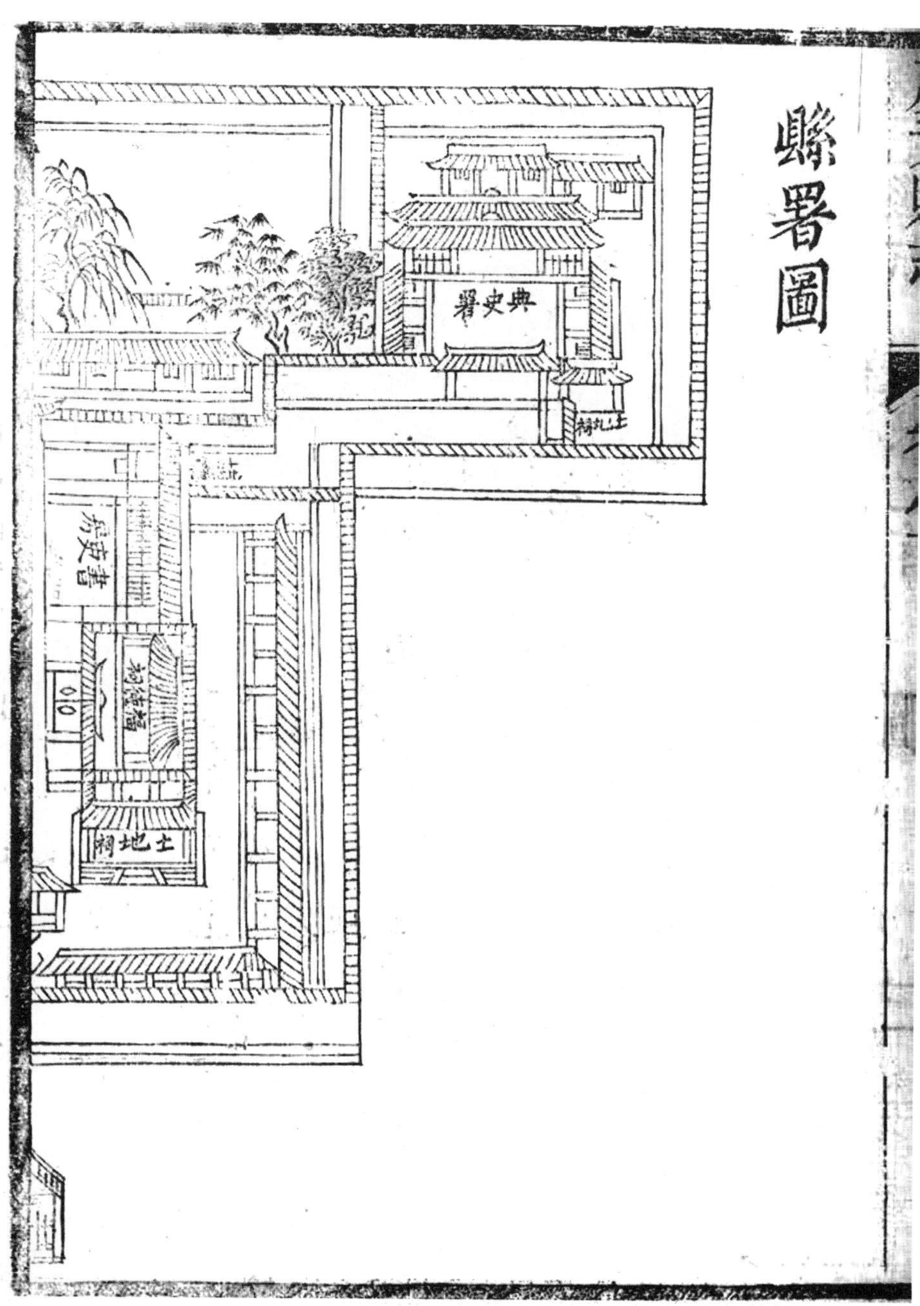
縣署圖
典史署
書吏房
土地祠

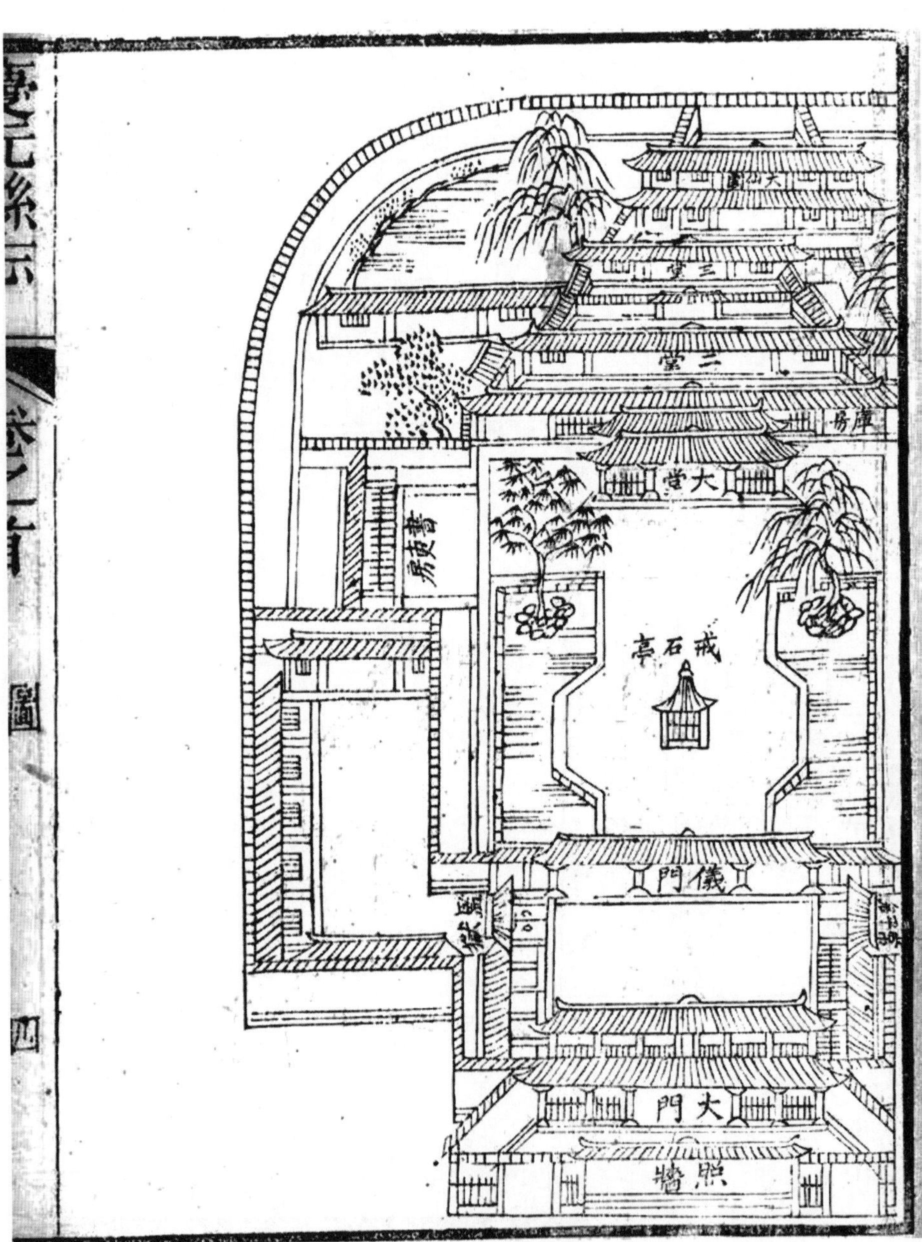
慶元縣志 卷之首 圖
四
三堂
二堂
庫房
大堂
書吏房
戒石亭
儀門
大門
照牆

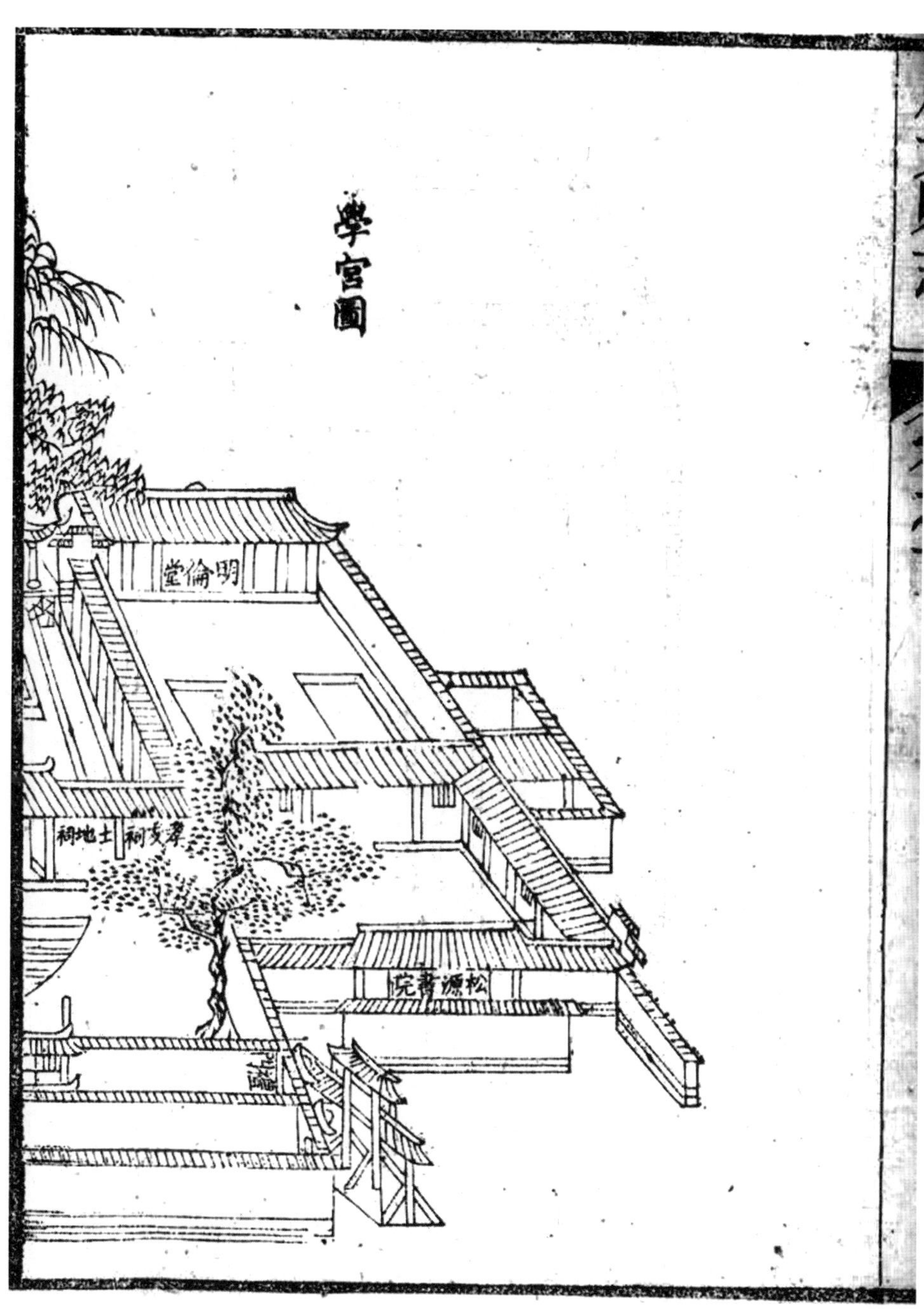
學宫圖
明倫堂
孝友祠
土地祠
松源書院

慶元縣志
卷之一
圖
五
崇聖祠
大成殿
名宦祠
鄉賢祠
泮池
萬仞宮牆

一都圖
石記岱
黃坪
烏石
黃坑
牛溪
陳鐙坑
包謝
小濟頭
楊家庄
包果
黃柚坑
大濟頭
八爐
舉溪
後洋坑
醮田
東溪
橫嶺
轉
魚川
黃布
屯洋
蘭頭
黃田
西溪
蓬家山

慶元縣志　卷之首　圖　六

柿兒
大濟
叉路下
下灘
小濟
楊家楼
東山後
門楼後
富楼源
銀屏山
洋頭
洛嶺
澤楢坑
薦坑
缸鉢窑
吳山
庵門
水
小黃南
蔡地
葛坪
徐洋
范處

二都圖
品山
高崇坑
黃泥壟
沙洋
堰頭
湖边洋
魚魷洋
山坵
後洋頭
橫坑
後洋
紙焙
梘頭
南洋
左溪
石桩
山頭
官塘
白柘洋
松柏塆
高洋
田坑
石塘
杉坑
天梯山
桃坑
印潭
杉坑
東坑
黃山頭
楊橋
鐵峯
庵望坑
上洋
蓮溪
東溪
嵐頭
金處
岱根
茶洋坑
上店
漈面
後庄
青竹
山頭
半嶺
埧頭
洋頭
楊婆源
安溪
洋边
石磨下
竹坪
梅樹
木橋頭
留香
岡根
嶺頭
上尖
下墅
安溪
青田
斜山見
橫山
茶坪
白柘
箬坑
頂豐山
坪頭
中央關
橋頭

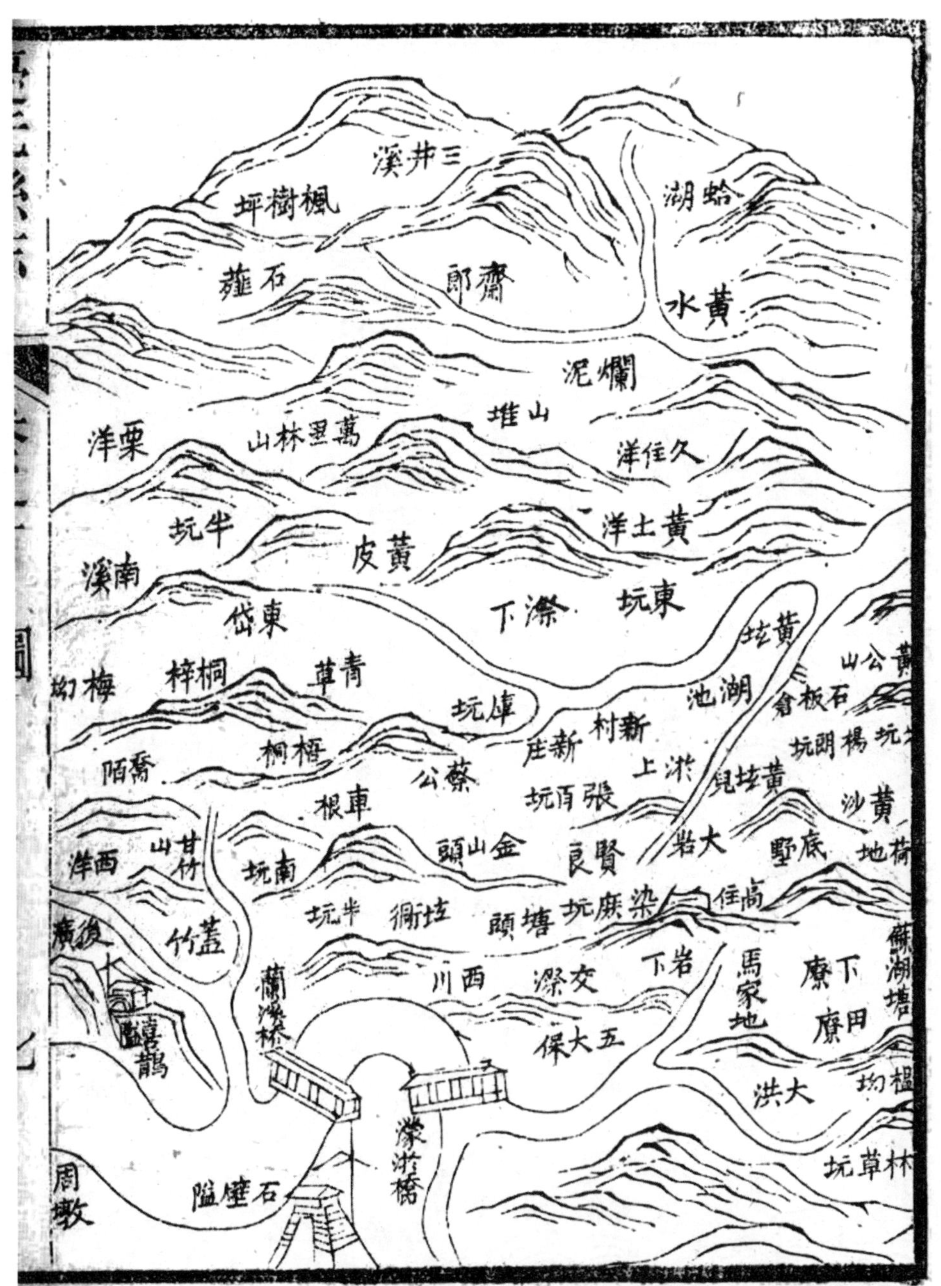

三井溪
楓樹坪
石蘢
齋郎
蛤湖
黃水
爛泥
山堆
萬里林山
栗洋
久住洋
半坑
黃皮
黃土洋
南溪
東岱
濛下
東坑
黃垟
梅坳
桐梓
青草
湖池
黃公山
石板倉
庫坑
新村
新庄
楊朗坑
喬陌
梧桐
蔡公
張百坑
洪上
黃垟見
黃沙
車根
甘竹山
西洋
南坑
金山頭
賢良
大岩
底墅
荷地
半坑
垟衕
塘頭
染麻坑
高住
蓋竹
後廣
喜鵲隘
岩下
交濛
西川
蘭溪橋
馬家地
下廕
田廕
蘇湖塘
五大保
大洪
楓坳
林草坑
濛洲橋
石壁隘
周墩

班岱底
班岱外
南坑
岱根
棚下
陳村
黃皮
西山
五嶺頭
五嶺根
五漈下
山岡山
小源
半嶺
黃山頭
滕
甘竹山
坑井
朱坳
小安
橫坑
方塘
員山

三都圖
麻園
後樓
余地
權山
上村
頭
後洋
山頭洋
横溪
半岱
源頭
翁山
後嵐
西山隘
下塢
烏石嶺
泡源
佃坪
新村
游山頭
塘根
五錠
坑口

四都圖
高際
山溪
横下
蘑頭
班岱後
焦坑
山坑
横欄
源頭
學後

慶元縣志　卷之首　圖　九
上庄
滌上
烏佳
石積
坑西
程公橋
拱瑞堂
石龍寺

五都圖
猪背坑
白花凹
上源
底村
墈頭

巾子峯
金村
朱村

六都圖
白嶺頭
倉岱
張源坑
局下
官山头
石門
山根
坑里
坑边
黄沙
石
蔡段

百丈山
菖蒲洋
下溪洋
大毛凹
車坑
平坑
奶圳
蘇麻
芸洲
車下
葛徐
洋里

七都圖
黄坑
隘
小關
內關
後坳
樹山頭
廟边
白沙
里地
呂
源
蓬橋
蒲潭
樟坑
徐墩

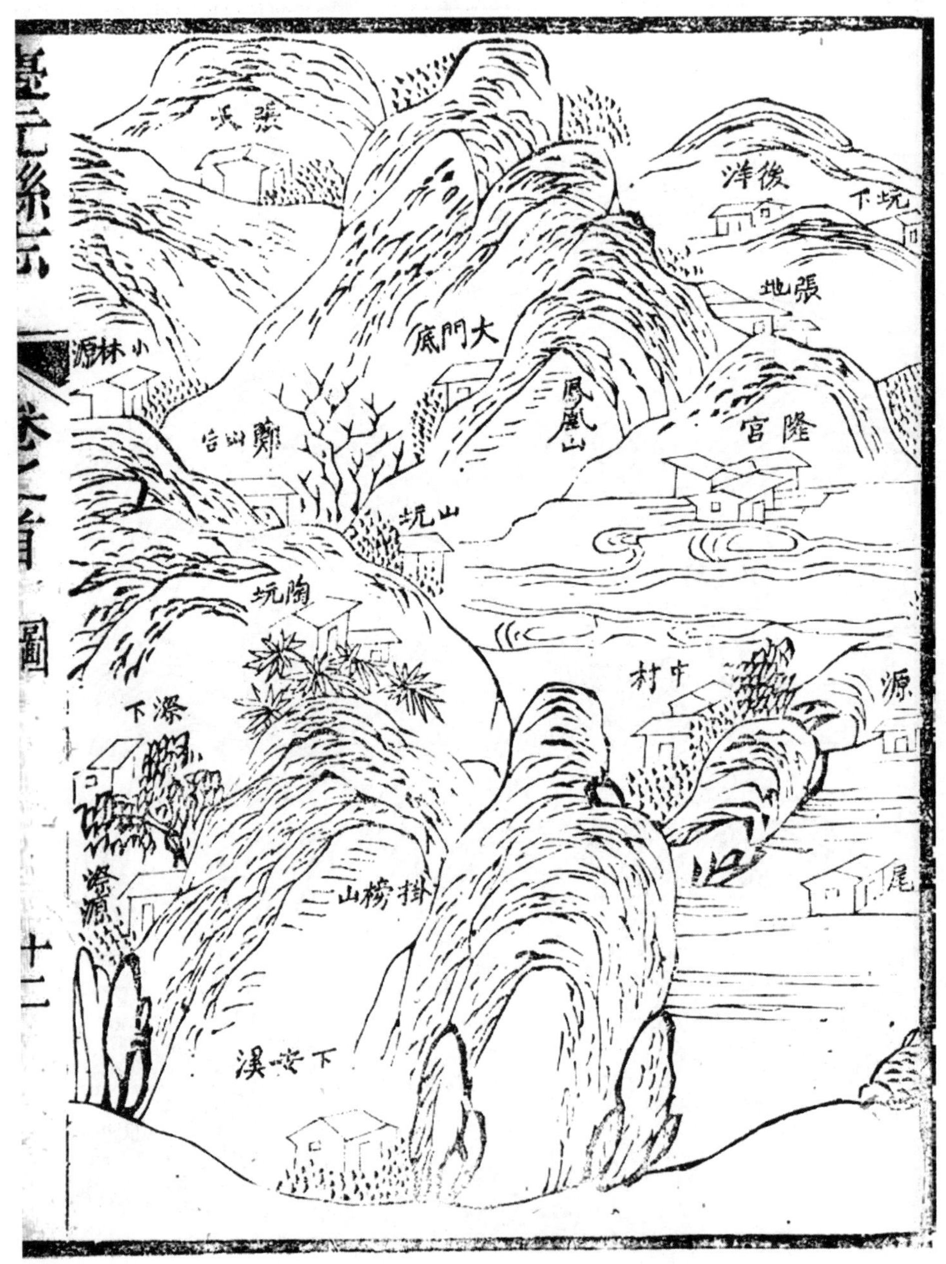
慶元縣志　卷之首　圖　十二
後洋
下坑
張地
大門底
鳳凰山
隆宮
小林源
鄭山台
山坑
陶坑
中村
濛下
濛源
掛榜山
下安溪

八都圖
東山後
東山头
北溪
楊簝
高壤
黃洋
下井
坪洋
飲根
赤坑
山柘
桂溪
余村
下吳
坪头寺

寨後嶺
竹下
寨後坑
明後嶺
賴蘭盤
菊水
鍾石淋
后口

爐坑
上坑
後寮
枽烏
下洋洪
青毛
陳龍漈
白象
日邊
黃蓮坑
潘衕
旱坑
岱根
真武山
新窰

九都圖
崔家田
蔡山頭
大松坑
黃杜坑
蓬塘
新窑
竹口
黃壇

十都圖
后坑
梁家田
白馬山
上井
中漈
陳邊
下漈
上賴
中碓
洋頭

慶元縣志
卷之首
圖
十五
仙庄
盤井
下漈
湖頭
上漈
漈頭
吳村
烏壇下

十一都圖
排頭
梘源
何坂
外塢
龔村
中村
泥嶺根
大岩峯
甘竹山
黄畲
横坑
嶺後
調壇

毛源
何源
丁源
英塢
上源
朱塢
鄭塢兒
小黃南
湯源
張岩
巒頭孔
山坳
祭根
麻嶺後
婆洋

十二都圖
闊門坳
桐山
高山
南源
頭陀
葛田
楓樹橋
岩坑
茗源
西
黄塢
東边
佛堂
坑
下坑
金村
下洋

慶元縣志 卷一 圖 十七
竹森
苦嶺坑
三漈
臺湖
伯渡闔
山頭岩
边
上沈
庄頭楠
渡口
下沈
大澤
姚村
李村

慶元縣志卷之一

知慶元縣事林步瀛
史恩緯重修

封域志

分野 沿革 彊域 形勝 山川
古蹟

洪荒之世晝地無文虞書云肇十有二州封十有二山至禹貢而復合爲九始詳山澤辨土色定貢賦周禮度地居民職方掌之此輿地之說所自昉歟慶于古爲百粤地屬揚州析而分之不過千分中之一隅耳然星辰次舍著於天文岳峙川流形於地軸其間

封彊有定界險阻有定形與夫歷代有沿革皆不可以不審也志封域

分野

周禮保章氏以星土辨九州之地所封之國各有分星太史氏因之以察時變考災祥是因天躔地古有然矣故誌地理者以封域爲斷辨封域者以分星爲準葢封域之割屬靡定而星辰之次舍有定也合而考之其論始倫

宿曰斗前漢地理志吳地斗分郎今之會稽郡一統志浙之處州入斗度

於辰在丑隋書地里志於辰在丑吳越之分

次星紀按天文斗次星紀禮書星紀越也

候在熒惑占於烏衛史記天官書吳越之彊候在熒惑占於烏衛熒惑烏衛皆南方星也

按慶元乃揚州境又屬七閩地考隋地理所載揚州南斗十二度至須女七度爲星紀而閩地則分屬之牛宿今慶雖隸於浙不隸於閩然而東西接壤于福省爲最近于括州爲較遠按其星野應在斗二十四度入牛初度之分

沿革

誌封域必溯沿革蓋年代之久近宜詳古今之分合亦異如府志所云或州變爲縣或縣改爲州由後溯前紛拏不一[illegible]非有志孰從而考覈耶爰稽巔末列之斯篇

慶元本禹貢揚州域

周爲七閩地

吳越時爲東平鄉歷秦漢暨唐因之

五代時王審知據閩改名松源鎮屬處州龍泉

宋寧宗慶元三年吏部侍郎胡紘請於朝以所居松源

鄉置縣治因以紀年爲名元因之

明洪武三年革縣治爲巡簡司治棘蘭隘仍屬龍泉十四年復置縣裁巡簡隸處州府知縣董大本編戶五十九里英宗天順二年耗省六里止存五十三里統計五百三十戶

國朝康熙十年併爲三十七里統計三百七十戶雍正七年編行順莊統一百六十八莊

疆域

維王建國必以疆域限之非獨使四民安居樂

業勿輕去其鄉已也宰治者審方辨俗因程途之遠近爲政教之旬宣于是乎在處于浙爲末郡慶又于處爲遠鄙萬山環繞七閩接聯其經畫尤宜詳焉

縣在府城南四百里

東距西二百三十里

南距北一百二十五里

東南距西北二百六十里

東北距西南一百五十里

東至福建壽寧縣雙港界九十里至其縣一百九十里
南至福建政和縣徐溪界五十里至其縣九十里
西至福建松溪縣木城界四十里至其縣八十里
北至龍泉縣小梅界九十里至其縣一百八十里
東南至福建壽寧縣楊公墓界一百五十里
東北至景寧縣後溪界一百里至其縣二百里
西南至福建政和縣上安溪界四十里
西北至福建浦城縣官庄界一百一十里至其縣一百七十里

東南廣二百三十里

南北袤一百二十五里

自縣治達府四百里達省一千三百十里達

京師五千四十里

形勝

慶邑崇山峻嶺所在扼塞地皆天設之險野少衷曠之區所謂制人而不制于人者然距郡最遠介在閩越奸宄易于嘯聚寇徒曾恣出入則葺堡樹柵先事制禦不能無望于當事者加之

意耳

孽峯挿天湍流據險

控閩上游爲栝外蔽

環邑四面皆山而山脈導豦西南自巒頭東歷梅坳東

南折爲溫陽又東南轉爲白雲山又正南折爲廻龍

洞又南轉爲冠倉又南起爲天馬是爲邑之面山南

去五十里爲白巖山福建政和縣界西去四十里爲蹝爐山

福建松溪縣界是爲邑之右臂北去七十里爲馬鞍山龍泉縣界

東去九十里爲萬里林山福建壽寧縣界是爲邑之左臂

大溪自東以北至濛洲與蓋竹水合復受交劍水經石壁而西奔駛下注會濟川支流旋繞縣後復西合竹溪水滙入龍潭達榜溪與芸洲水合循楝蘭西繞過新窐北受竹口委流胥入於閩惟梅溪之水從潭瀉出過頭陀峽直下查田達龍泉趨郡城入於海

縣治枕山爲城帶水爲池前有霞岐之奇後有象山之秀溫陽聳其左石龍蟠其右仙桃列於東南蕭錦峙於西北石壁馬蹄爲門戶楝蘭喜鵲爲噤喉橫嶺乃一方鎖鑰竹溪爲三面籓籬地雖彈丸勢如鐵甕十

邑形勝未必能甲於此

山川

山川爲淑氣所鍾昔稱慶邑山川明秀名賢輩出如劉殿元陳大宗伯吳少司徒胡中銓諸公卓犖相望迄於今山川猶是而英哲不多覯豈貞地運有盛衰歟人以地勝亦地以人勝生斯土者尚其勉之

雲鶴山自天馬山發脈而下斷而又斷布翅展翼由西南飛翥入城來結縣治形勢清高

龜山縣城內雲鶴山之麓爲埜塘坐山

霞帔山　與縣治對相去七里晨曦光射闕闠輝映如金碧詩見藝文

天馬山　縣南七里與霞帔山連詩見藝文

南山　縣南十里丹崖翠巘奇秀偉麗

儸桃山　縣東南十五里高出羣峯昔有仙廬其上桃花霞麗隱隱有簫管聲黃公遇仙於此詩見藝文

黃公山　縣東五里即黃公寨遠視如屏邑居者多面此山

鏡山　縣東北二里林木陰森賦見藝文

錦山　縣北十里即巾子山其麓盤踞四五八九等都兩峯對峙佳氣浮空若彩橋然相傳有寶車仙伎往來其上遙接藨山兆應劉知新狀元及第詩見藝文

石龍山　縣西北數百武蟠據若龍伏而復起登臨眺望一邑之勝在目其下爲毬山詩見藝文

文筆山縣西北三里五峯峭立尖削摩空一名五雷山又名筆架峯詩見藝文

薰山縣西十里峭削凌空壁立千仞爲邑屏障歲旱禱雨輒應詩見藝文

松源山一都下管勢若建瓴詩見藝文

廻龍山一都下管山勢盤廻狀如伏龍中構一菴有蝶屋鶴洞瀑布試劍石詩見藝文

鐵旗山一都下管

半月山一都上管前沮深澗後擁羣峯吳氏世居其下詩見藝文

銀屏山一都上管

石壁山二都周墩石筍凌空爲邑東關阨

溫洋山二都屹立高特爲諸山冠昔有老人居此歷年一百二十餘歲後遇仙而去詩見藝文

萬里林山二都逶迤深廣林木森翳居其麓者數十村

香爐山二都

品山二都三峯圓秀儼如品字

筆架山二都黃坛遇旱前有人在此禱雨立應

天梯山二都詩見藝文

頂豊山二都

發紅山二都高洋到今並不生草木

山岡山三都峯岫出其下有禱輙應又名仙山

烏蜂山三都有花公聖者廟歲旱禱雨立應進廟者身或不潔羣蜂擁至因名詩見藝文

象山四都

斑岱山四都藍岑飛瀑競秀爭流詩見藝文

兩袍山四都坑西源

梓潼山四都舊學址側昔建文昌祠於其上久廢

鷄嘴山四都

黄鶴山四都平坑

蓮花山五都詩見藝文

鼠山五都

屏風山六都坑里一邑水口

百丈山七都縣西北三十里與松溪毘界懸崖孤峭屹立高聳五代時馬氏二女棲真於此丹成仙去巖壁間有鏡臺裙帶剪刀履跡遺痕上有三聖井下有龍湫禱雨以木石投之泉立湧出風雨隨至詩記

見藝文

王謁山七都與百丈山連宋益王由此入閩愛慕之故名

鳳凰山七都飛翥比翼高入雲漢詩見藝文

掛榜山七都安溪

青峯山九都竹口山巔開一平闊結庵其上前列秀峯後擁屏山夏不知暑詩見藝文

拏雲山九都寨後坑與青峯山連山傲爽擁嶽不拔雲山下有洞詩見藝文

真武山九都黃壇一峯雄峙列嶂環抱在二都者有三其一青竹一底墅一樟下俱峻拔秀麗

琵琶山九都嶙嶒兀峙詩見藝文

白馬山十都中漈詩見藝文

臺湖山十一都山勢峻大羣峯環拱地界黄南　栗壪山二一都淤上羣峯峭立高遠莫躋

巒頭山十一都山峯峭立爲浙閩諸山之源　塔廠山二一都淤上羣巒疊翠秀拔泮溪

大山二一都荷地山上有巨石形如棋盤背有仙人跡　前山二一都荷地

峯

巾子峯在錦山上兩峯對峙高不可攀

蘇蘭峯縣北二十五里峯巒蝟集前設巡簡司今廢址建隘詩見藝文

櫃子峯在岡根水頭最高頂怪石磊疊其上有鐵香爐風雨久侵愈見光潤係萬歷間飛來禱雨輒應

玉峯二一都孤峭碧立望如瑤簪　鐵尖峯二一都一峯矗立尖削摩空

大巖峯十一都下有風洞過此身或不潔飈風立至歲旱禱雨輒應

岡

黄坌岡四都聳象山之北下爲東嶽宮　南壇岡濟川門外

巖

疊石巖二都蛤湖兩石相疊遠視若懸崖一石高十餘丈上圓大下直小中如葫蘆頸

石龍巖二都石塘其巖突起高數十丈左右壁立起伏廻環聳秀異常

三漈巖二都荷地每漈高數十丈中漈有石洞可通上漈

大獅巖二都大洪蹲踞如獅勢欲搏人　筆架巖二都黄皮天梯山上

石屋巖二都黄皮有三穴彼此相通可容數十人　馬蹄巖三都泒石坑

歇雨巖五都延袤數丈上突下削

將軍巖七都張地一石卓立其高數丈

白鶴巖九都青峯山上相傳五代時有一童子遊此跨鶴而去

洞

石洪洞鏡山下

道人洞一都上管

仙巖洞二都青草中有泉自洞頂潺滴而下不涸不溢歲旱禱雨輒應

白雲洞三都陳村巉石嵌空常有白雲覆其上詩見藝文

坳

榲坳二都縣東五十里坳脊有溪昔多榲榓故名

梅坳二都縣東北五十里

栗洋坳二都縣東北七十里通雲和

榅樹坳三都縣東南二十五里

關門坳十二都縣北九十里通龍泉

嶺

石記岱嶺縣東三十里嘉慶二十二年義士吳昌興獨緑重修

洛嶺縣東七十里崒嵂倚天

虬盤嶺縣東七十里上管

横嶺縣東八十里通壽寧界以上俱一都

應嶺縣東十里橫直聳雲際狀如列戟嘉慶七年張仁伯吳日才吳文喜等仝修

蓋竹嶺縣東十里其上爲喜鵲隘

石榴嶺縣東二十五里丹崖飛瀑詩見藝文

梧桐嶺縣東三十里通景甯界

椿杵嶺縣東三十里

大保嶺縣東三十里

喬陌嶺縣東三十里

林草坑嶺縣東三十五里

青草嶺縣東五十里

打磚嶺縣東五十里

百花嶺縣東六十里

魚塘岱嶺縣東八十里

梅樹嶺縣東八十里

半天嶺縣東九十里層巒壁立一線淩空詩見藝文

將軍嶺縣東一百里詩見藝文

赤搏嶺縣南七里

烏石嶺縣西南十里石壁峭削爲邑西障

派石坑嶺縣南二十里上村吳光和吳理財出資捐修

湖答嶺縣東一百二十里壽甯界

朱坳嶺縣東五十里葉光偉倡修

大風坳嶺縣東一百里景甯界

潦頭洋嶺縣東七十五里吳夏金修

潦頭坳嶺縣東六十里

崗根嶺縣東一百二十里增生胡增輝修

大崗嶺縣東一百里光緒元年修

庄前嶺縣東一百里同治十三年修

平嶺縣東九十里

田坑嶺縣北鄉丁可富捐修并倡修嶺頭茶亭

磨手嶺縣西二十里道光七年邑監生姚圓獨緣砌甃並建亭閣置茶田詩記見藝文

斑岱后嶺縣東北十里

角門嶺縣北四里

白嶺縣北三十里通松溪

插花嶺縣西四十里

張天嶺縣西六十里

明箬嶺縣北三十里下爲蕀蘭氿

寨後嶺縣北三十五里后田姚承恩獨緣砌甃遞年秋月雇人刬草修整

湯源嶺縣北七十里

毛源嶺縣北一百里

打鼓嶺縣北一百二十里浦城界

五滎嶺縣東賢良村葉維秬修砌

岱根嶺縣東一百里道光十八年胡學猛修

路

余村路范振榮獨修三百餘丈

西關外路自城邊至野庄吳新成獨修

大灘路在包謝余光通倡修二十餘里

先繼路在蒲潭吳登森等捐置土名沙垅田九十六把千以備修葺

新翟路自本村至松溪舊縣界范文進獨綠修砌

川溪

松源川縣南十里又名濟川源出松源山流入大溪詩見藝文

淘洲川縣北七里有石印浮於水面邑人以石浮沉卜歲豐歉屢驗詩見藝文

竹坑溪薰阜門外源出西山淘沙可鍩金又名古金溪抱城西北過雲龍門入石龍潭詩見藝文

濛洲溪縣東二十五里與蓋竹水合入交劍潭

滙龍溪縣東北六十里流入蓋溪

蓋竹溪縣東二十里

下灘溪縣東南十里

司後溪布政司後

坑西溪縣北五里流入淘洲

桃洲溪縣北八里流入槎溪詩見藝文

魏溪縣北七里又名張淤溪與桃洲水合

槎溪縣北二十里浪風甜綠瀾灩廻清流入棘蘭溪

安溪縣西南四十里入芸洲

芸洲溪縣北二十里與槎溪合

棘蘭溪縣北三十里詩見藝文

梓亭溪縣北四十里與新窪溪合

柏渡溪縣北六十里與竹口溪合

下漈溪縣北六十里與竹口溪合

竹口溪縣北五十里入梓亭溪詩見藝文

新窑溪縣北四十里以上諸水達松溪

漈下溪縣東北五十五里與左溪合

青竹溪縣東一百里入左溪

左溪縣東八十五里與南洋水合

南洋溪縣東北一百里以上水達景寧

臯溪縣東南七十里達壽嵛

桐山溪縣北九十里達龍泉

潭

營後潭城隍廟後清流瑩滉雲氣隱隱流入石龍潭

山滌潭東隅鏡潭委流有石如印日光映射金碧陸離

鏡潭東隅鏡山前今塞成灘詩見藝文

古樓潭在周墩其上爲古樓廟

周艮潭去縣東三里

石壁潭縣東入里峭壁滌迴入古樓潭

白沙潭縣東十五里

交劍潭縣東二十里兩水直瀉交流於大山之麓潭右有石峭削如爭

三井龍潭縣東四十里兩岸陵岫壁立有三泓最下一泓深不可測歲旱禱雨屢應其流入交劍潭

石龍潭縣北神力寺前上流水光澄瑩深不可測爲衆流所瀦濩中浮巨石狀如龜又名印星知縣楊芝瑞架橋其上建補天閣及小蓬萊立石潭右名放生池詩見藝文

楓潭去縣北里餘

溪口潭縣北五里水深澄碧流入白槐潭

白槐潭去縣北十里

竈田潭縣西二十里流入芸洲

蒲潭 縣西三十里流入黿田

銅鉢潭 縣西三十里形如銅鉢流入蒲潭詩見藝文

擲水潭 槎溪下流相傳旁有樟樹大十餘圍有道人至此演法能呼役鬼神忽風雨晦冥其樹倒插潭中至今不朽

把馬潭 流入棘蘭溪

廻龍潭 縣北六十里竹口

黃潭 縣北六十里流入廻龍潭

斗潭 縣北八十里流入黃潭 以上俱達閩

古蹟

溯豐水者思禹績撫松栢者憶景山雅擅一時名堪千古慶邑環山重重勝由天設然桂亭翰墨傳自有元濟水題樓首推清獻俯仰千載人有同心興廢無常感慨係之矣

馬仙墓在六都百丈山距脫身巖六里世傳馬仙葬母處也數峯聳起一水繞旋宛然圖畫一統志廣輿記皆云墓有古松一株倒垂如帚隨風掃蕩塚無些塵康熙間松爲樵夫伐去復生如前伐松樵亦尋爲雷所殛

脫身巖在百丈山懸崖倚空下視無際馬仙修煉於此松溪令聞其貌美欲娶之女約曰若能一夕砌路自城達山相迎便當從令亦有神術如期路竟成二女乃飛身於隔溪石崖下令追躡之遂亦飛化今

石上女鞋跡并鞋履跡皆高寸許有鏤刻所莫能肖者

百丈十三井 百丈山巔其水清冽自山南半嶺奔雷滚雪曲折流五六里瀉入龍湫遂靜恬無聲隨以次注十三井復狂奔而去雲氣蒸鬱隱隱有龍潛於其中

鏡臺硃水 在脫身巖對岸詳見山川

東溪赤巖三井 去縣東百里四圍壁立如甕流泉清冽每注一井俱作飛瀑珠噴而下最下一泓深不可測冷氣逼人莫能注視常有龍棲其中歲旱禱雨立應

百花巖 三都花卉繁盛黃公結廬其上二十餘年坐化於此至今石上有鈴刀痕跡詩見藝文

石印三井

西洋殿後三井 明嘉靖三年禱雨於此三日不雨人以石投井行不數武雨雹如汗山木盡拔

神童井相傳在神童坊下久湮没乾隆十三年居人搜
尾爍得之掘下十餘尺卽得二石硯硯背有銘
乃陳尚書嘉猷所製也古質斑駁色光瑩潤
甚可愛也因此疑爲尚書舊地然不可考

黃仙宅在下管黃
坳址存

劉狀元宅五都香墺門
前衢址猶存

陳尚書宅在九都舊有
神童坊今廢

胡侍郎宅在四都坑西雙
股嶺下今廢

籍桂亭在縣治前舊有亭匾籍桂二字立石題進士名
左右鑿池植荷花夾岸栽桺元至元十五年人
大德九年知縣
于崇重建今廢

梓亭寨在九都爲榮慶
巡簡司建今廢

鞠亭在縣治內久廢

手詔亭在縣治南今廢

放生池在神力廟前

達觀亭石龍潭龜石上嘉慶間知縣程紹顧建

松源形勝亭與達觀亭連今俱廢

平川陳父母碑雲龍門外

補天閣城北龜石上明崇正十五年知縣楊芝瑞建記見藝文

小蓬萊補天閣下今俱廢詩見藝文

砥中閣在坑埜碶中崇正十四年知縣楊芝瑞建順治八年壞詩見藝文

頒春亭在縣南久廢

日涉園在一都下管當湖陸子清獻講學於此園門有樓手書瞻岵二字

嵐岫永清石在八都明嘉靖間知縣陳澤書

洗耳泉在勝隱庵

手掌樹二都蘇湖塘水口有古榅樹一枝其形似掌

月山古松在濟川吳墉祖坟側高亜如蓋恰似松間明月

慶元縣志卷之二

知慶元縣事林步瀛史恩緯重修

建置志

城池　秩統　衙署　井市附街巷
鋪舍　鄉都　倉儲　坊表
橋渡　堰陂　亭閣　賑郵

先王建邦啟宇，晳之帶礪，內而衙署，外而市廛，近而城郭，遠而郊甸，莫不度地居民，正位辨方，以時創舉，典至重也。下此而倉粱為利濟所在，坊表乃名節攸關，或矜生恤死之有具，或堰陂郵傳之可尋，皆當一

一條載以資討論者也志建置

城池

易曰王公設險以守其國險之時義大矣哉慶隸括未三面距闠宄徙易於出入雖曰衆志可以成城而未雨綢繆猶幸先事者之能預圖耳

城高一丈八尺厚一丈四尺垜一千五百六十 明嘉靖二十五年知縣陳澤始築陳桓有記見藝文四十一年署縣事通判周紳改築西城於西山之巔凡六十餘丈高一丈八尺厚一丈五尺樊獻科有記見藝文崇正十五年知縣楊芝瑞重修環增磚垜三尺

東豐山門 初名壽寧門又名仁豐門

南濟川門

西薰阜門

北雲龍門

西北太平門明嘉靖四十三年知縣張應亮從民請增開亦曰水門

東北望京臺萬歷五年知縣沈維龍重修順治五年燬康熙十一年知縣程維伊再建今圮

城樓五東南西北各一水門一崇正十五年知縣楊芝瑞建順治五年燬其四康熙七年知縣程維伊重建又圮乾隆五十年知縣王恒再建惟水門一樓向爲楊公祠嘉慶四年十一月燬於火十二年復建

窩鋪十二楊芝瑞建久毀

東南敵樓各一楊芝瑞建崇正時壽寧山寇掠慶不敢窺城邑人咸歡呼稱楊功德

西南倚山山名雲鶴

西北臨河北爲大河西爲金溪水廵城而下至雲龍門合大河

東南鑿池深一丈廣二丈池水東流至北與大河水合

萬歷十六年蛟水夜發衝壞北城七十三丈知縣詹乘龍重築

國朝康熙二十五年大水衝場西城數十餘丈雍正八年知縣徐羲麟重修

乾隆元年大水三十二年五月又水四十九年五月又水西城屢修屢場凡三壞四十九年知縣王恒

重修五十三年大水金溪水從西城衝入轉北城衝出淹塌西北隅民舍壞西城七十餘丈北城二十丈嘉慶二十四年知縣孫榮績倡捐築堤居民無患

秩統

國家設官分職建之長以養民卽立之師以教民下至僚屬相聯莫不有數可紀慶自分治以來歷代損益互有不同我

朝定鼎建官惟賢位事惟能準時地之繁簡而汰

設之有久安長治之畧焉謹叙其秩統如左

宋

令一人慶元三年分縣設

元

達魯花赤一人

主簿一人

明

廵檢司一人洪武三年汰知縣設本職

知縣一人洪武十四年汰廵檢仍設本職

縣丞一人隆慶元年汰

主簿一人嘉靖七年汰

典史一人

教諭一人

佐訓導二人隨汰一人

國朝

知縣一人

典史一人

吏户禮刑司吏各一人　典吏各一人

兵工司吏各一人　鋪長承發典吏各一人

庫書一人　倉書一人

教諭一人順治十七年裁汰康熙十五年復設

訓導一人

廩膳生員二十人　增廣生員二十人

歲入附學十二人　歲入武學八人

科入附學十二人皆六名康熙二十三年奉國初入學歲科并考文武額

恩諭廣額歲科分考文學增二名爲八名二十八年復奉

恩諭文增四名爲十二名武增二名爲八名

學吏一人

醫學訓科一人　陰陽學訓術一人

農員一人雍正二年設　僧會司會一人

道會司道會一人以上五人俱准邑人補授

衙署

邑有衙署非特示尊嚴肅體統已也蓋治民不可以露處爲民父母使一身無所棲托將何以展布四體爲衆赤子謀身家慶邑衙廨舊燬於兵官皆僦居民舍入

國朝來燦然具備規模益宏遠矣居其位以治其民

當惟是布政敷教共期無曠可耳

縣治在城東北宋慶元三年令富嘉謀建元至正十五年燬於寇二十六年達魯花赤亦都散重建明洪武十四年知縣葦大本再建二十七年知縣李仲仁拓建宏治間知縣沈鶴重修嘉慶元年知縣魏夔龍重修道光八年知縣黃煥復修光緒二年知縣史恩緯重修

中爲大堂舊名忠愛堂世傳其額爲子朱子手書康熙四年知縣程維伊重建大堂仍懸舊額雍正元年堂爲颶風所壞知縣李飛鯤改退思堂爲官廳乾隆七年知縣鄒儒復建大堂有記見藝文

左爲贊政廳每朔望日同僚官蒞此辨事

左後爲耳房庫貯一切解物

右爲賓館凡賓客入謁者先延入坐再肅迎

右後爲茶房官有事時于此烹茗以進

堂後爲宅門以時啟閉置守役一人凡書役人等非奉傳喚不得擅自出入

宅門內爲穿堂爲後堂知縣程維伊題其額曰萬右磨清愼青嘉慶二年知縣魏夔龍題曰勤

左爲　龍亭庫右爲架閣庫

又後爲三堂爲知縣宅順治五年毀康熙四年知縣程維伊重建有記見藝文乾隆三十六年知縣唐若瀛以三堂地卑陞基重建再後爲四堂

東爲花廳同治六年知縣呂懋榮建

堂前爲轉蓬尊客輿馬止于此

又前爲立廊皁役立此聽差

東列吏戶禮倉四房

西列兵刑工承發四房順治五年房及大堂皆燬於兵康熙元年知縣高嶙重建東西房乾隆七年知縣鄒儒重新建造

甬道立戒石亭

亭前儀門三東爲土地祠康熙五年知縣程維伊重建乾隆四十九年知縣王恒修嘉慶四年署縣張震續修

西爲禁獄舊在儀門內萬歷間知縣陳九功改建于此

前爲大門上爲譙樓明嘉靖二十五年知縣陳澤匡以磚甓萬歷二十八年民火沿燒折毁右角知縣熊懋官重修有記見藝文至乾隆三十八年知縣熊珍新建

門外爲申明旌善二亭明知縣朱芾創建嘉靖二年以二亭址改建舖舍今廢

治東爲典史宅舊爲縣丞宅明隆慶元年汰縣丞知縣朱芾遷學于縣東以典史宅充學址以縣丞宅建典史宅順治五年燬康熙六年典史喬孔衍重建乾隆四十四年典史鄒景椿重修五十六年典史董敦禮復修嘉慶二十三年典史宋清晏續修

主簿宅舊在廵捕宅前嘉靖七年汰主簿知縣陳澤改舊宅爲預備倉

儒學署在縣治東初署在文廟明倫堂左側隆慶元年遷今址

中爲大堂爲奎星樓乾隆四十八年教諭王炳訓導程玉麟率諸生建五十四年教諭錢

廷錦訓導程琛捐俸續成

外爲大門 訓導程玉麟懸龍門二字額

東爲教諭宅 康熙二十年教諭屠樹聲建三十六年教諭胡玠重建有記見藝文　年教諭史紹武額其門曰桃李門嘉慶三年教諭章觀嶽額其堂曰傳經處道光九年教諭沈鏡源修

西爲訓導宅 乾隆四十八年訓導程玉麟重修額其堂曰親雅齋署訓導程琛額其門曰青雲梯五十九年訓導徐藻重修道光八年訓導沈錫疇修

陰陽學 舊在西隅絃歌坊嘉慶二十五年知縣陳澤買價築城改建東門内府舘前久廢址存

醫學 舊在西隅太平橋東嘉靖二十五年知縣陳澤以築城買爲民居改建于陰陽學左扁曰惠民藥局久廢址存

僧會司　在集善堂

道會司　舊在東隅桂香坊明知縣董大本建嘉靖二十五年知縣陳澤貿價築城久爲民地今鈌

府館　在豐山門内明初在西隅興賢坊嘉靖間知縣陳澤築城貿爲民地遷建今址康熙八年知縣程維伊重修

分巡同知署　明嘉靖乙巳年知縣陳澤建

按察分司　舊在城北西隅石龍街末明知縣董大本奉檄鼎建址在

布政分司　舊在石龍街明知縣董大本奉檄鼎建嘉靖時築城貿爲民地

稅課司　城西太平橋東明宏治二年以本縣帶辦其址貿爲平地

竹溪公館　九都竹口明嘉靖間知縣陳澤以地界浙閩爲上司駐節之所上請鼎建順治十三年燬

於寇康熙十年知縣程維伊重建有記見藝文
乾隆七年知縣鄒儒鼎新復建有記見藝文

小梅公館明洪武間知縣董大本建址存

市井附街巷

日中爲市利用易鑿井而飲利用汲二者古之制也慶邑僻在萬山舟楫不通商賈罕達鬻於市者本無奇貨之可居然交易而退有市道焉寒泉之食有井義焉他如街巷往來雖非輻輳要之生長於斯聚族於斯皆生民日用之經建置中之要務也故並詳之

縣前井在儒學門前色清味甘冬夏汲之不竭明天順間縣丞傅恭甃嘉靖間居民甃石康熙十年知縣程維伊捐俸重修

大街井縣治西冬煖夏凉大旱不涸

舉溪市在上管去縣甚遠商旅稀至今廢久

竹口市在九都爲閩浙通衢每歲十月卜日迎神四方商旅聚貨貿易三日而退謂之賽會

大街縣前　北門街縣北

上街縣右　横城街縣東邑人吴克禮甃磚

東門街府館前邑人葉憲甃磚　後街縣後邑人吴怡甃磚

上倉街縣南邑人吴克禮甃磚　石龍街北門外邑人周以上城内曾藏葉運甃磚

後田街東門外邑人姚瓘葉繁甃磚　竹口街九都邑人葉荷甃磚

竹坑巷縣西　埜塘巷縣南

西湖巷縣南　水門巷縣西北

濟橋巷　後碓巷俱東門外

鋪舍　鄉都

古者驛亭有置傳命遞於上國而民不滋擾一鄉一鄙由近及遠又皆聲教所宏被慶雖小邑總而計之爲鄉者三爲都者十有二爲鋪舍者七度地居民因方授驛皆守土者所關心也可弗盡歟

鋪

總鋪舊在縣西明洪武十四年知縣董大本改建縣東隆慶三年知縣朱芾以總鋪址建爲儒學將縣前申明旌善二亭址改造總鋪由雲龍門達龍泉者六

金村鋪五都去縣北一十里　水南鋪八都去縣北二十里

黄荆鋪八都去縣北三十里　梓亭鋪九都去縣北四十里

大澤鋪十二都去縣北五十里　楓樹鋪十二都去縣北六十里

鄉

松源鄉統一都二都

從政鄉統三都四都五都六都七都

榮慶鄉統八都九都十都十一都十二都

城隅

東隅統圖二地名六

上倉　埜塘　東門街　坑壂　後田

後碓

西隅統圖二地名九

大街　下街　後衕　後街　竹坑

杭橋　廊下　潭頭　石龍下

都

一都下管統圖二地名八

大濟　小濟　七保　八保　黃坳

柿兒　下灘　叉路下

一都上管統圖五地名六十有八

濛洲　橋後　黃田頭　石記岱　黃坪

黃坑　半溪　東山後　楊家樓　門樓後

洛嶺　下村　蔡地　薦坑　范處

岡頭廢　醮田　舉溪　小濟頭　潦根

楊家庄　下庄　大濟頭　包果　包果洋頭

黃楢坑 陳鑑坑 黃田慶 黃布 後倉坑

包謝 八爐 後洋坑 蘭頭 西溪

蓬家山 魚川 轉水 杉坑 豆腐坑

澤楢坑 蓮花 塘堀 後村 大園村
大池洋 横嶺 洋頭 缸砵窪 富樓源

東溪 白岩下 大毛坪 半坑 村尾
鐘徐 徐洋 庵門 葛坪 後坑

李山 下寮 西坑 大坪 尾窪坪
處后排 聰風 水桑洋

二都統圖一十一 地名一百六十二

周墩 西川 塘頭 壇衕 周處慶

崙札川 嶂下 柒庶坑 賢良 石頭坑

淤上 黃檀 金山頭 石板倉 新村
松栢壪 新庄 蔡公改名蔡川 高洋
張百坑 大巖坑 南洋 山坵 紙焙
坑頭 湖池 外洋 西洋
蓋竹 根竹山 西洋 下段 後瀆
東坑 喬陌 桐梓 東岱 黃皮
漈下 北坑 梧桐 蘭溪橋 青草
庫坑 黃土洋 久住洋 黃水 蛤湖
山堆 橫坑 爛泥 齋郎 楓樹坪

山井溪　石碓　栗洋　半坑　車根

五大保　岩下　高漈　車坑　横山

下⿸广祭　馬家地　珠嶺坑　高住　尖上

底墅　荷地　漈面　洋邊　後庄

下墅　四漈頭　塘尾　黃沙　岩坑

楊橋　桃坑　黃公山　黃壇兒　大岩

杉坑　楊朗坑　半路村　半坑　奇羅廢

半山廢　黃坑　東坑　東溪　上洋

交漈　崗後洋　東洋

大洪　烏石　林草坑　田寮　嶺頭

杉翠壪　蘇湖塘　楊婆源　東山後　坪頭

茶坪　源頭　橋頭　石磨下　金處

嵐頭　岱根　青竹　半嶺　山頭

梅樹　安溪　留香　竹坪　白柿

塘尾　後坑頭廢　坳根廢

黃泥盪　魚鯱洋　石柱　梘頭　堰頭

高崇坑　湖邊　左溪　田坑　轄竹

石塘　下塘　印漳　坑下　杉樹下

黄山頭　庫望坑　㳽下　官塘　横坑

箬墺　沙洋　白柿洋　後洋　杉坑

上店　洋頭　水寨　埧頭　岡根

青田　箬坑　茶洋坑　蓮溪　壟頭

斜山兒　簞坪壪　中央閣

三都統圖三地名六十有一

下塢　源頭　半岱　烏石嶺　范源

嵐後　坳坵　徐墩　坑口　塘根

五錠　新村　游山頭　佃坪　翁山

滕礱　橫溪　下塝　朱坳　坳下

員山　小安　半嶺　小源　黃山頭

竹下　麤礱　根竹山　方塘　橫坑

下源　內庄　中村　坑井　五潈下

岱根　南坑　陳村　黃皮　班岱底

班岱外　楓嶺根廢　衕頭　麻園　余地

上村　後樓　羅坳　權山　墅頭

坣頭　山頭洋　橫源　竹後　塘下

五嶺根　五嶺頭　劉貴溪　管山頭　棚下

西山　後洋

四都統圖二　地名二十有八

瀆田　學後　坑西　石磧　竹坑源

上庄　上田　橫欄　坳後　源頭

焦坑　漈上　高漈　龔頭　班岱後

馱坑　下洋　張家畬　道堂根　平坑

山邊　塘邊廢　樓下　高上廢　蕨洋

雙要　烏任　山溪

五都統圖二　地名二十有五

魏溪　畨塢　湖邊　坑頭　墈頭

底村　外村　坳下　金村　朱村

上淤　薰山下　高累　李塢　白蛇窟

上源　石井　黄花坂　楓樹淤　猪脚岱

洋頭　猪背坑　九際　塘園　月山

六都統圖三　地名三十有八

庄頭　洋里　甘公坑　外童　內童

葛徐　石陂　黄沙　坑邊　車下

芸洲　龜田　塗坑　蘇麻　車坑

局下　蔡段　坑里　葉村　雷山頭

官山頭　石門　張源　白嶺頭　奶圳

坳下　山根　洋頭背　高山壪　菖蒲洋

落花洋　下溪洋　平坑　爐坪　大毛凹

洋塢　官倉邊　倉岱

七都統圖三　地名三十有五

樟坑　徐墩　蒲潭　吳田頭　李地

白沙　廟邊　呂源　源尾　中村

陶坑　下安溪　大門底　小林源　鄭山後

洋後　張天　張地　黃坑　坑下

生水塘　後坳　源頭　內關　小關

隆宮　西坂　何山頭　濟下　濟頭

山坑　奥坑　漈下　山岡　徐山

八都統圖三　地名二十有六

橫硦廢　余村　下吴　槎溪　黃洋

岱根　坪洋　山栭　赤坑　菊水

后口　鍾石淤　爐兒　下斜　棘蘭

寨後坑　下淤　竹下　後碓　楊家

溪北　下井　東山後　東溪頭　高壤

月坳

九都統圖三　地名三十有六

黄杜坑　新窑　新岱　黄壇　艮湫

竹口　蓬塘　岩後　崔家田　陳龍溪

後廓　上坑　爐坑　上坳　白象

下洋淤　田邊　旱坑　大林　會底

馬調洋　何衕　下宿　黄蓮坑　青毛畬

大松坑　蔡山頭　岱根　山頭　千秤

桼坑　光浦　黎鳥　三岱　蓽口

潘衕

十都統圖三地名一十有六

下潨　中潨　上賴　陳邊　上潨

湖頭　潨下　雙井　梁家田　上井

吳村　烏壇下　中碓　潨頭　洋頭

後坑　仙庄

十一都統圖七地名三十有八

湯源　上源　朱塢　何坂　中村

小黄南　泥嶺根　槐源　黄畬　嶺後

横坑　菼洋　丁源　毛源　羅源

龔村　毛塢　范塢　排頭　何源

調壇　濟上　濟下　張岩　英塢

翁村　井邊　甘竹山　麻嶺後　濟根

櫻櫚坑　鄭塢兒　外塢　營衕　孔坳

陳村　前廒　旱坂

十二都統圖三地名二十有九

大澤　伯渡口　下洋　三溪　山頭譚

下洸　上洸　栢渡閘　李村　姚村
下塢　庄頭梅　臺湖　竹林　東邊
西邊　黃塢　葛田　著源　南源
桐山　頭陀　佛堂坑　苦嶺坑　高山
金村下洋　旬塢　岩坑　下坑

已上鄉都原設版圖一十五都三十七里今編順庄一百六十八庄先是慶元初分五十三里

皇清康熙十年大造編審七月内奉總督劉巡撫范憲牌内開併圖減役向例不及三千畝爲一里今届編審

編定三千畝爲一里仍聽里民以近就近自尋熟識配爲一里等因到縣知縣程維伊加意剔釐勞心經畫恰遵來文聽民自便熟識相連計畝多寡酌里去留計減没一百六十戸併作三十七里其所没之戸田地山塘悉併入三十七畝之内中有兩姓併爲一戸或二三姓或衆姓併爲一戸且止有丁地山塘而無田畝者亦止有田畝而無丁山塘地者各依所併項下輸差而偏累之弊除至若徵輸之法先年慶元田戸自稅自輸並無現年催

賠之累自明季法弛弊行錢糧完欠專責現年如有欠數勒令充賠及縱頑民豪里故意拖延以致現年粮長剜肉補瘡典賣賠墊數十餘年小民視田如仇棄家如鶩康熙十年八月內又奉總督劉巡撫范檄行嚴禁內開姑赦舊奸一敷新令櫛將現年粮長名色盡行革除其各甲田地人戶悉照自已名下應徵粮米依限完納縣官催徵俱照赤歷八戶田粮刋給易知長單分散各里照限自齎赴比如有預期先完者卽于簿上註明給票歸農不得

重勸比較或係一八十分卽自催自完不必更催他甲甚爲小民簡便等因到縣知縣程維伊勵志奉行而現年賠累之弊亦除康熙四十年奉巡撫張公志棟革里長各色行順庄滚單法至雍正七年總督李公衛題請申嚴順庄滚催之法委員按都查編析除圖甲不許棚戶扭名花分詭寄城鄉坊庄以連壤爲序一照烟戶保甲造册給單分限滚催而里長之弊盡除

官倉

倉儲之設其初爲救荒計而後世軍國之需且有賴是以資者所係誠非小也因前此之營繕爲今後之預圖嚴封鎖慎檢校避下濕防風雨爲政者可不視爲亟務乎

常平倉舊在縣東官倉巷卽今儒學前明嘉靖二十五年知縣[illegible]際澤改建縣治內東邊主簿署舊址萬歷四年知縣沈維龍重修再造新厫二所國朝因之遞加修葺編宇宙洪日月盈昃辰宿列張寒來暑往秋收冬藏閏餘成歲律呂調陽致等字二十八厫共儲穀柒千捌百壹拾捌石玖斗叁升四合三勺

竹口官倉在九都竹溪大街公館内編露結爲霜金生麗水玉出崑岡劍號巨闕珠稱夜光果珍李柰菜重芥薑海鹹河淡等字三十二厫共儲穀柒千伍百捌拾　石以上二倉共儲

一件各省州縣等事官捐穀壹千一百二十三石一斗四升一勺

一件欽奉
上諭事田畝捐穀六百一十五石九斗

一件請照江南等事生俊捐穀六千四百六十一石一升二合二勺

一件仰體
聖衷等事生俊捐穀五千五百八十三石六斗

一件欽奉
上諭事生俊捐穀四百石

一件遵
旨速議具奏事生俊捐穀壹千二百一十一石二斗八升二合

一件各省州縣等事官捐穀五石

計七案共儲穀壹萬伍千叁百玖拾玖石九斗叁升
肆合叁勺　遵照嘉慶四年　奏冊開載

預備倉凡五所明洪武間知縣余源清建東倉一都南倉六都北倉八都西倉十二都俱久廢惟中倉一所初在儒學前官倉巷嘉靖時知縣陳澤改建縣治內主簿署舊址至萬歷八年知縣陳九功仍將官倉巷故址重建倉廒扁曰預備向僉羅戶殷實者充當倉夫歷久弊生四十二年知縣郭際美詳革倉夫以吏承管民困始甦四十六年知縣汪獻忠捐俸重修崇正十四年知縣楊芝瑞復修

國朝因之故預備倉之在城者有二一則儀門外主簿署舊址陳澤所遷建者是一則大街東官倉巷原址陳九功所重建者是兩所並用均堪儲穀乾隆五十一年知縣王恆以官倉巷離署較遠將預備所儲穀石盡歸於縣治內常平二十八廒之中道光二年知縣欒韶詳請將預備廢倉改建育嬰堂記見藝文

茲查　奏銷冊內存常平倉穀壹萬肆千捌百貳拾捌石柒斗五升三合五勺內除道光三十年以前歸

入清查案內穀貳千陸百肆拾柒石叁斗貳合柒勺又除咸豐八年周任軍需動碾穀叁千柒百貳拾叁石貳斗壹升玖合柒勺又除同治八年劉任賑恤動碾穀壹千四百肆拾叁石伍斗捌升共計除穀柒千捌百壹拾肆石壹斗貳合肆勺實存倉穀柒千零拾肆石陸斗伍升壹合壹勺內竹口倉存穀壹千捌百貳拾陸石肆斗柒升伍合叁勺城內倉存穀伍千壹百捌拾捌石壹斗柒升五合捌勺

社倉

朱子社倉之法載在書傳者甚明後世行之不善立法頗似義倉蓋竊社倉之名而未稽其實者也慶邑舊無社倉乾隆二十三年巡撫楊公廷璋奏立知縣陳春芳奉文建置歷久穀石無

存倉厫傾廢道光六年知縣黄焕奉文復設輸穀與倉易社長而立董事奈推陳易新悉聽其便積久弊生挪移侵蝕又復穀粒無存嗣同治四年後叠奉 憲飭勸捐列冊移交內經官盤查封鎖外選董管理出入內外稽察實爲法良意美近城三處業經前知縣蔡烜呂懋榮林步瀛汪斌勸辦惟各都尚屬寥寥所願官斯土者踵而行之庶無負普惠元元之意云

城內社倉在南門內前儲穀七百二十八碩九斗五合因董事吳登雲移借虧空將上倉社司內房

屋拾壹間并菜園作價償抵在案後自同治年間知縣蔡炟呂懋榮林步瀛汪斌各次勸捐共儲倉穀四百四十八碩九斗

大濟社倉在張鑑衕口大街沿前儲穀壹百陸拾柒碩伍斗貳升因控追源頭土名大壿底田租壹拾肆碩干及置買土名楊梅壟大租伍碩干又土名上碓門等段租壹碩半干又土名百褓等段大租拾貳把被水推流作租壹碩干前儲穀俱已開銷無存後自同治年間知縣蔡炟呂懋榮林步瀛汪斌各次勸捐共儲穀肆百肆拾伍碩玖斗捌升近年公衆將穀糶賣置買土名上洋墩及徐山塆等段共大租拾貳碩干又開墾土名橋頭岱田作租壹碩半干除開銷外現儲倉穀叁百陸拾碩

后田社倉在萬壽庵內前儲穀柒百零伍碩伍斗伍升因董事姚沛梧侵蝕虧空將姚家村下處坪房屋拾壹間半抵還在案後自同治年間知縣蔡炟呂懋榮林步瀛汪斌各次勸捐共儲倉穀叁百叁拾

玖碩肆斗

五都金村社倉在光福寺内同治年間知縣蔡烜呂懋榮林步瀛汪斌各次勸捐共儲倉穀陸拾柒碩

以上四處同治年間從新勸捐共計實儲倉穀壹千貳百壹拾伍碩叁斗

上都社倉儲穀貳百玖拾碩伍斗玖升柒合

二都七八社倉儲穀壹百壹拾柒碩肆斗貳升肆合

九都竹口社倉儲穀壹百肆拾捌碩叁斗陸升貳合玖勺

二都五六社穀捐穀叁百肆拾碩陸斗

二都九十社穀捐穀貳百肆拾玖碩叁斗柒升
三都社穀捐穀壹百零叁碩柒斗捌升
四都社穀捐穀壹拾貳碩貳斗伍升玖合陸勺
六都社穀捐穀玖拾貳碩貳斗肆升
七都社穀捐穀玖拾柒碩伍斗肆升
八都社穀捐穀叁拾貳碩叁斗陸升
以上拾處共計前儲倉穀壹千肆百捌拾肆碩伍斗
叁升叁合伍勺

坊表

國家以名節望天下使里不登史不書非所以勸世也古者表厥宅里樹之風聲義在則然耳慶邑僻處萬山中前代頗有偉人于今不無貞操如其行能事業彪炳仕籍霜守氷操蔚爲壼範者前志業已表之兹無論在城在鄉凡舊志未及載者悉補登之以垂永久俾後之覽者有所興起焉其爲世勸深矣

仰聖坊

希賢坊在舊學前今廢

承流坊

宣化坊在縣北今廢

肅政坊

澄清坊今廢

貞肅坊

旬宣坊俱縣治府館前

迎恩坊在縣北郊知縣楊芝瑞重修今廢

肅民坊在社稷壇前

景星坊在上倉景星宫前

桂香坊在豐山門内咸豐六年復建

儒效坊在東隅安定橋首

絃歌坊在西隅咸豐二年復建

安順坊在就日門前舊名遺愛坊元至大二年建

宅相坊在下管福安橋首

雙桂坊爲宋天聖甲子科進士吴穀景祐甲戌科進士吴轂兄弟立在大濟

大理坊宋皇祐元年爲貤封吴穀父崇煦立在大濟

狀元坊爲宋大觀庚辰科狀元劉知新立舊在五都明嘉靖二十一年知縣程紹頤遷建縣治東崇正

十五年知縣楊芝瑞重建康熙二年知縣高嶙重修乾隆六年知縣鄒儒重修三十五年燬

八行坊爲宋政和王辰科進士吳彥申立在縣南

桂香坊爲宋政和壬辰科進士吳兢吳逵立在大濟

神童坊爲宋尙書陳嘉猷立在九都竹口址存

尙書坊爲宋紹興甲戌科陳嘉猷立在縣治西明知縣程紹頤建崇正十五年知縣楊芝瑞重建康熙二年知縣高嶙重修乾隆六年知縣鄒儒重修三十五年燬

進士坊在竹口明知縣董大本爲宋進士給事中王應麟立

擢秀坊爲明永樂甲子科舉人葉祥立在縣治西竹坑巷口隆慶二年火孫珦重建順治五年燬於寇址存

登雲坊 爲明永樂庚子科舉人趙樞立在六都今廢

登科坊 爲明永樂庚子科舉人吳仲賢立在三都陳村

步蟾坊 爲明永樂癸卯科舉人吳源立

奎光坊 爲明正統辛酉科舉人鄭熊立在縣西水門隆慶二年火

義民坊 爲輸粟賑飢葉仲儀立在北門外明正統七年建

恩榮坊 爲義民周公泰立明正統七年建嘉靖四十一年燬于寇隆慶四年孫周軾重建在周墩乾隆五十年火

義民坊 爲義民吳彥恭立明正統七年建在六都芸洲廢

百歲坊 爲壽官葉仲林立在縣北門外

耆德坊在四都廢

繼賢坊為明成化辛卯科舉人吳譽立在七都安溪

名登天府坊為明宏治乙卯科舉人吳潭立在大濟崇楨十二年族孫吳廷亮廷殷四可等捐資修理道光十二年族孫吳嘉裕墉邦鑾等合族重修

應宿坊為連城縣知縣吳贊立在縣治北門知縣陳澤建

賢俊流芳坊在神力寺左明嘉靖四十三年署縣事通判周紳建列科貢姓氏隆慶二年為洪水衝決

彩鳳呈祥坊在十二都大澤村後為明嘉靖宿州同知吳禋立

崇儒坊明嘉靖十三年本府通判署縣事周紳以鄉多業儒因名一在大濟一在竹口

鴻臚坊 明萬歷間爲誥封廸功郎吳儒立在大濟

皇都得意坊 爲明萬歷壬午科舉人姚文焆立在後田起鳳橋首

登瀛坊 爲順治丁酉科順天中式舉人葉上選立在後田善濟橋首

樂善好施坊 在後田安定橋首嘉慶十六年知縣鳴山奉

旨爲義民吳昌與立

賢德坊 爲宋侍郎胡紘妻氏立在四都久廢

貞節坊 爲處州衛正千戶葉德善妻鮑氏立在北門橋首明洪武庚辰知縣胡叔義請建

貞節坊 爲吳慶妻邱氏立在縣治後廢

詔旌完節坊 爲監生吳化妻葉氏立明萬歷間建在大濟

一夕千秋坊在西街頭雍正十一年知縣徐羲麟奉
旨爲儒童吳公望妻節孝周鸞姑立撥負郭官田一十六畝俾其孫永奉祭祀道光九年族孫吳顯宗獨出重金倡修

節孝坊在大濟雍正七年知縣徐羲麟請
旨爲生員吳熀妻曾氏立

抱璞全真坊在後田雍正六年秋知縣徐羲麟奉
旨爲故生員吳良英妻望門守節吳淑姬立

節烈坊乾隆四十八年知縣王恒奉
旨特旌一在四都班岱後爲吳茂旋妻葉氏立
一在九都後寮爲李大孫妻吳氏立

節孝裕後坊在埜塘乾隆五十七年知縣張玉田奉

旨爲故儒童周宗壽妻楊氏立

節孝坊在后田道光六年知縣黃煥奉

旨爲故增生姚芝之妻季氏立

節孝坊在上管道光七年知縣黃煥奉

旨爲故儒童吳匡綺妻練氏立

節孝坊在二三都根竹山道光九年知縣陳文治奉

旨爲故儒童瞿智豪妻范氏立

孝子坊在西隅后街址現存久廢

彤管聯輝坊在黄皮咸豐四年知縣李家鵬奉

旨爲故監生吳其珍妻葉氏媳儒童吳耀祺妻葉氏仝立

節孝貞烈總坊在豐山門內咸豐四年知縣李家鵬奉

旨爲闔邑舉報節孝婦女立

登龍坊在埜塘鼓暾門同治十一年里人捐建

橋渡堰陂 附亭閣

橋渡以通行旅堰陂以興水利皆王政之要務不容鈌者慶邑導冢自東無長橋大河土人多畧彴以渡秋夏之交山水暴漲堰壞而橋隨之者亦往往而有葢其地居上游奔流迅速勢所必至若鄉遂岡排民間築石成田其高下層級之處全資山泉灌溉大溪之流不與焉官斯土者能因地制宜以時修築則民有攸賴矣

橋

東門橋 豐山門外嘉靖時築邑人練伕保捐石

仁養橋

楊公橋 雲龍門外爲衆水之滙形勝關於一邑元大德間達魯花赤于崇建於石龍寺門額曰興賢明天順間壞知縣沈鶴因龜石爲梁名曰詠歸中構大觀亭嘉靖二十七年壞知縣朱芾重建未幾爲水漂流萬歷三年知縣沈維龍再建十六年四月朔齧於水崇正十五年知縣楊芝瑞建中有補天閣小蓬萊雙虹架於左右改名楊公橋邑人姚文字助銀五百兩有記見藝文 順治五年左橋燬知縣鄭國位重建康熈八年左橋邑人余世球修右橋及閣邑人姚銲重修年久傾圮僅留頹檻半截乾隆十五年知縣鄧觀移其半於北門是爲北門橋

北門橋 雲龍門外嘉靖十五年知縣陳澤建四十二年改建萬歷二年重建康熈二年災於水復建年

久頽圮僅作草橋乾隆十五年知縣鄧觀拆揚公橋之半改建於此顔曰登雲仍復與梁之舊五十三年典史董敦禮偕紳士重修置買五都坂塢土名水車段內租五十五把于文昌閣下官陂頭段內租二十把水董事設立簿册分班管理每年六月初二日公衆面算租價若干或應修葺或存買田毋許借放滋弊立碑於橋以垂永久嘉慶十五年燬十七年將田租儲資重建道光二年置買官陂頭段內租十把水道光十年又買大坂洋土名山下磜又名尾窪下租五十二把水所有新舊田契領糧單一并粘簿交與經理董事吳東垣掌管咸豐四年置買道堂門田租十八把水又買小濟屋下礱并倉后田租四十一把水以上共計水租壹百肆拾壹把于租伍拾伍把五年買橋頭橫街房屋三間七年又買橋頭房屋三間內改造一間奉祀典史董敦禮牌位餘屋招齋工住管八年置買山塲一片坐落魏溪白蒙塆安着上至崗頂下至田左至坑右至塆蓄蘇杉樹備用其各項簿據田租均係董事吳成己經管光緒二年重修有碑

記見藝文

護龍橋 神力寺前嘉慶八年邑人吳昌興獨造并捐入己田租四十把以備修葺今改建學后村頭咸豐十年紳董姚叙等呈控江姓謀抹渡田知縣何福恩斷追姚大霦所捐大坂洋墊頭租四十把稅二畝五分姚天球所捐學后村尾屋傍路水圳田租二十把稅一畝八分永爲是橋經費

太平橋 即杭橋在城西北元至正十年火二十六年重建改名太平嘉靖二十五年築城橋毀四十三年知縣張應亮重建增開小水門改名水門橋崇正間火作草橋嗣後屢遭水患旋場旋修自乾隆三十二年至五十三年凡四毀邑人架木重修舊管土名坑尾田租五把道光十二年監生姚樹德從新獨建并置入魏溪上源土名牛路田租二十五把坐稅二畝備資修造知縣吳綸彰有記見藝文

興福橋 薰阜門外嘉靖四十二年邑人姚汝仁募建

光裕橋後田下葉祠門道光八年建

善濟橋後田元至正九年建明洪武二十五年邑人謝子隆建崇正六年燬十六年邑人葉喬林葉喬彬葉上選倡捐復建

起鳳橋後田萬歷間邑人姚友倡建

錦水橋後田乾隆四十四年里人衆建

安定橋後碓又名師公橋丙立吳三公廟邑人胡仲輝建道光十二年庠生吳一麟捐修

天銘橋

尚義橋後碓嘉慶五年里人吳昌興獨建并捐入己田壹百把爲永遠經費

梟橋縣西二里

清隱橋縣西里許嘉靖三十一年知縣邢夢珂重建尋壞今止造板橋

瓦窰橋縣西

程公橋在縣北角門嶺衆水聚滙獅象兩山聳峙南北爲邑關鎖康熙九年知縣程維伊從父老請倡捐鼎建民無病涉行旅感之故名有記見藝文後廢於水乾隆二十七年慈照寺僧達一募資建復並建觀音堂於橋左嘉慶十三年又廢於水後造草橋於舊址下因與蒙龜玩月二橋相聯絡俗呼爲二義橋其後或改角門或易繩楓爲名不一同治七年邑紳試用訓導姚文壎等勸捐修建以是橋爲程公遺澤不宜改易舊名落成之日仍顏曰程公橋用誌感仰原置橋租有以活業放贖者其顛末不可復考現在實存舊志所載黄礱並庵基及處壇等段大租四十二把土名黄礱山塲一處續後新置一段栗墈租十六把一段張宅門租二十把土名李塓礱中心崗山塲一處又慈照寺借用橋租錢三十千文納苗租二

十二把共租壹百把足爲葺理。需自同治七年起俱魏溪董事吳成謨吳進耀周鉉發吳國標沈可成沈可濟等六人經收同治八年㘭後村沈尚成所捐五都魏溪土名巖兒下大租三十把田丙合租十八把坐稅一畝零八釐則姚文塏經收焉

祝家洋橋又名上橋久廢

集義橋在周墩舊名麟趾橋同治十年姚逵聲等倡捐重建并捐入大坂洋山兒嘴田丙租三十把姚景爽捐入師公橋橋頭田租七把練金漢捐入東坑源墓庵嘴并墓庵後田丙租六把董事置買大坂洋楊家衕口田租六十把共租壹百零叁把前董吳恒謙捨入山場二處坐落古樓廟後及東岱壿永備修葺

以上俱近縣治

攀龍橋大濟隆慶二年吳道揆建萬歷三十六年子倖重建康熙二年孫麗明王眷王賓王鍾等重修

雙門橋以吳穀吳轂兄弟聯登甲兩門於橋側故名里人葉塢倡首重建隆慶元年吳道撰重修

甫田橋大濟始建於宋至明萬歷間里人吳起蛟吳廷般重修順治十八年吳世臣吳銓臣吳貞臣重修道光七年吳墉吳邦鑾吳亭喜捐修

後堂橋宋時始建明崇正間里人陳箴吳康民等重建

福安橋小濟里人劉可達建

以上在下管

駟馬橋上管

領恩橋舉人吳仲信建

登雲橋里人吳子深建

步蟾橋一名步月永樂間里人吳子輿建

跨龍橋隆慶二年里人吳維俊捐建

來鳳橋上管

如龍橋上管

雙龍橋蔭頭咸豐四年重建

潒根橋

丁埠橋

傍山橋

步雲橋

白雲橋

石龍橋魚川里人吴瑩吴廷魁等捐建

茶洋橋魚川道光廿七年建　一在西溪

南洋橋東溪邑人吴振蘭吴瑩等捐建

外洋橋東溪里人吴瑩吴榮星等捐建

繼善橋嶺頭嘉慶二十五年胡姓建

楊家庄橋里人吴善友建

蛟龍橋滎頭道光十六年吴保林重建

稈抗橋咸豐五年建

橫路橋塝凹同治六年建

交龍橋撑樹坑同治十年建

水頭橋牛溪同治十年建

水尾橋牛溪同治十年建

下壜橋魚川同治六年建

雙門橋雕田同治七年建

以上俱在上管

新坑橋周墩嘉靖三十三年里人周瑫重建嘉慶五年吳昌興募建捐入己田五十把以備修葺

上洋橋周墩嘉慶間邑人衆建

外橋應嶺尾邑人胡崇芳獨築

蘭溪橋橋下有潭相傳蘭溪人見羣峯拱揖四水歸堂倫甃於此其地遂名蘭溪明萬歷二年邑人謝子隆吳豐等募建乾隆四十八年洪水衝壞里人吳星海募建

濛淤橋元至元間建久廢明嘉靖五年邑人葉亨重建後壞於水嘉慶十四年邑人吳昌輿倡建

交龍橋青草康熙年里人衆建

永濟橋賢良村青草水尾壇門道光甲辰年邑庠葉維韻仝應爐瑞燦銑堂等捐資築造

善濟橋朱嶺坑

宮前橋在后洋村

福星橋在半路村

五大保橋嘉靖間葉仲珊建

蓬口橋五大保道光九年張禮備張義云張義炎等倡建

樂善橋五大保道光九年邑人吳日章獨建

黃連橋

亨利橋嘉慶丁巳年重建

林草坑橋嘉靖間邑人葉亨建　乾隆五十一年里人吳春行等捐修

榅坳橋嘉靖間邑人葉憲建

外村橋嘉靖三十九年邑人吳仁忠募建

官局橋嘉靖間邑人葉繁建

梅樹嶺尾橋

黄水長橋乾隆十九年邑人吴春廣倡建

夾金橋賢良水尾乾隆三十年衆建

長生橋石板倉嘉慶十八年衆建

濟安橋湖池慶景接壤之處里人周長廣周長楮等倡建

東坑橋順治十四年建

西坑橋嘉慶二十一年邑人捐建

轉水橋北坑

青草橋

雙闖橋 黃皮

昌文橋 粟洋

南溪橋 粟洋嘉慶二十五年邑人張子發獨建

會龍橋 齋郎

接龍橋 齋郎

斜溪橋 楓樹坪

護龍橋 岩下里人葉里坤等倡建

大洪橋

接龍橋 荷地

金蝦橋 黄沙

廻龍橋 際面里人范彦友嗣孫倡建

接龍橋 桃坑里人葉辛七嗣孫倡建

承善橋 底墅里人吳思醇等倡建

永興橋 三堆

平川橋 蛤湖

聚秀橋 蛤湖

高興橋 蛤湖

仙洞橋

嶺尾橋

滌川橋 滌下

文閬橋 高住

順天橋 岱根道光十二年重建

以上俱在二都

雙坑橋

余地橋

觀洋橋

蘇麻橋

五石橋陳村里人吳佐源等建

新亭橋塘根嘉慶十一年砌石成橋邑人吳登雲倡建

濟南橋

小安橋乾隆四十九年建

以上俱在三都

潦上橋在四都

金村橋乾隆年間葉廷垣同村衆建置橋租一千餘把道光壬午年將田叚勒碑於村頭神廟中爲誌

朱村橋邑人劉廷堅建

番塽橋又名下橋久廢

通濟橋 沓墺村對面嘉慶十七年議敘州判姚鸞砌石築建

濛龜橋 外村

玩月橋 月山

以上俱在五都

武定橋

永安橋 洪武四年吳德大建

芸洲橋 一名普渡元大德九年建

安樂橋

石洋橋

坑里橋

洋里橋乾隆　年里人吳良德順興等募修

庄頭橋道光十二年築建

以上俱在六都

黄坑橋

福勝橋後圮歷久傾圮道光二年周啟弥羅煥章出貲倡建

護蔭橋張地

普渡橋李地嘉慶二十二年吳王松獨緣築建

文昌橋張地乾隆癸巳年建

太平橋張地

源尾橋

樟坑橋

隆宮橋

接龍橋 隆宮嘉慶同治十二年燬十七年建光緒元年重建

葽塘橋

蓬橋 在安溪咸豐四年季作豪獨造

雙鳳橋 嘉慶二年邑人姚涵倡建

登瀛橋 嘉慶二年姚伯耀倡建

蒲潭橋 舊名六龜橋

生水堂橋

張天橋

以上俱在七都

槎溪橋　縣北二十里爲邑孔道宋淳熙間建覆屋三十七楹嘉靖四十三年知縣張應亮修萬歷二十二年壞于蟁水知縣鄧建邦重建改名通濟橋縉雲鄭汝璧有記見藝文尋壞今止建草橋白嶺人王奇興捨田六十把以備修葺

赤坑橋　捬水崇正間廢止建草橋尋壞嘉慶八年城東信女張葉氏獨建旋壞復修子貢生張秀挺捨入巳田四十把永爲修葺之費

棘蘭橋　萬歷三年知縣沈維龍建久廢

魯班橋　永樂十一年邑人謝叔高重建

黃荆橋寨後坑洪武十八年建後壞永樂十六年邑人吳均平重建隆慶四年壞知縣朱希重建後又壞建草橋　乾隆　年邑人吳　重修

寨後橋里人季文盛等建

如龍橋在槎溪村尾嘉慶三年衆建

以上俱在八都

杜坑橋寨後嶺尾砌石成橋里人季上瑩建

太平橋即新窑橋明萬歷四年壞五年知縣沈維龍命里人季珂督建　順治八年燬康熙元年復建至乾隆四十五年移建水尾里人季璉等增置橋租壹千餘桶又置買土名大小塆山場貳處以備修葺

白蓮橋黃壇成化間里人季存旺建

雙囍橋嘉靖間里人季勝宏建

西溪橋

下坑橋

阜梁橋永樂九年里人周喜初建嘉靖十一年本府通判周紳重建萬歷四年壞知縣沈維龍命楊呂項淵督建　順治間又壞竹口居民募建嘉慶十三年復推基址無存道光二年里人復建橋頭建立觀音堂有記見藝文

雙溪橋竹口許汝明獨建

巖坑橋棘藪均邑人吴濂建

嶺坤橋新窑嘉靖間里人吴簡建萬歷間知縣沈維龍重修

關橋洪武間建尋壞於水永樂間邑人何得成重修

雙龍橋

路重橋

普渡橋即後坑橋康熙十年知縣程維伊重建乾隆三十六年里人重修貢生吳德訓題額道光五年監生吳恒憲獨出重金倡建

安人橋里人沈旺蔭倡建

福陞橋上坑道光八年村人捐建

雙坑橋山岱李光平建

以上俱在九都

沙板橋洪武間里人陳永三建

下店橋永樂間里人賴彦銘建

查洋橋陳邊元至正間建後燬嘉慶二十三年里人復建

順興橋陳邊里人蔡朝璠建

項源橋蔡仲龍建

李村橋

黄潭橋栢渡口道光元年里人沈國棟重修

附鳳橋栢渡口隆慶元年邑人吳秋建

普渡橋里人吳經訓楊佛郎募建

福壽橋里人季良增募建

雙巷橋蔡伸龍建

以上俱在十都

范塢橋里人捐建

庄頭橋

廻龍橋一在槐源里人吳邦勳等建 一在下塢里人蔡天星獨建

下庄橋嘉慶年間宏源監生毛鳳鏘砌石築建

接龍橋丁源里人衆建

會源橋在高陽丁源村人倡建庠生張紹樑獨砌橋頭大路壹百陸拾餘丈

何源橋張紹樑獨緣築建

惠福橋上源乾隆年間建道光七年重修

永興橋下塢里人蔡天星建

以上俱在十一都

楓樹橋元延祐間建久廢　乾隆年間道光三十年武里人吳大榮僧心明等重修　生蔡克明捐修

長洋橋

葛田橋元至正間建

頭陀峽橋洪武間建

關門橋

觀音橋十二都

濟世橋里人葉德賜建

復興橋姚村

龍安橋姚村

龍會橋姚村

烏瘦嶺下橋姚村里人邵安仁邵體仁重築道光十年并砌石嶺貳百餘丈

連鰲橋十二都

攀龍橋十二都龍邑王三官建

栢渡橋十二都龍邑王盛會建

樂善橋十二都白象沈子光捐建

仁安橋十二都沈承隆獨緣築建

以上俱在十二都

萬福橋二都壇衕林維章曹德成林先魁吳夏涵吳長元捐建

獅子巖橋二都庫坑同治八年築

護龍橋二都庫坑

復興橋二都洋頁葉姓建

通濟橋二都洋頁葉姓建

印潭橋三都粗礱道光二十七年吳明亮季登鰲募建

陰陽橋三都完山七都李作豪獨建

鳳尾橋三都小安同治十一年吳振才吳鼎發捐建

睢麟橋四都姚蒔澍築

平津橋六都淤上董事吳正邦修

思蘇橋六都范子川築造

昌興橋六都塗坑葉相勉葉相績孫必進黃蒔高黃典禮等募建

普渡橋七都里地嘉慶二十二年吳王松築造　一在樟坑范子川築

里地橋七都范子川築造

福勝橋七都後坳久廢道光二年周啟郃羅煥章出資倡建

善濟橋七都吳田頭嚴逵達葉起壽葉大招捐建

安溪橋七都里人胡尚經胡秉理胡其典捐建并甃留香欄路數百餘丈

㯓蘭橋八都嶺內道光二十年寨后坑監生吳登蛟仝弟築造

同濟橋八都菊水同治八年柳晋蕃楊廷恩等募建余村耆賓范則興捨八都黃衙土名軍田大租廿四把土名蹲坵大租十一把監生范振榮捨余村土名籠口大租四十把蒲潭千總銜吳寶恩德恩庠生吳登蓁貢生吳熙恩仝捨六八都黃沙土名亭崗大租肆拾把八都監生楊居養捨下坪土名秋坳大租廿六把監生吳瑞元捨六都后口洋尾老屋后大租十一把吳自傳捨六都后口洋橋頭大租八把黃壇貢生季鑑捨赤坑土名范茶坵大租十把東村貢生丁思濂捨坑里土名內㯓大租十把山后坑監生吳其輝捨竹林坪門下大租八把八都柳元煥捨下坪土名金治大租六把耆賓范則標捨杉樹山塲一處坐

落六都半嶺白柱壩安着林廣增捨杉樹山塲一處坐落六都塗坑麻山大壩安着又置買下拼土名秧地大租十把龔邊大租十一把五都葉范氏孝姫捨余村土名黃金蘢大租五十五把內童土名石坑龔大租十六把又捨六都石洋橋田租一段黃沙內東塢大租二十七把一段上淤小龔蓮下大租十七把一段上淤鴨鋪下大租十八把一段董燕坑毛約坵大租八把

大淤門前橋九都李光根李開選復建

竹溪源橋九都山石李開選築

餘慶橋九都黃壇道光二十六年李錚李必進等捐建同治十二年李錚李之香捐修李鑑捐租八石零一桶以備修葺

陳龍溪口橋九都上坑李光根復建

坤石橋十一都湋源蔡化龍築建

濟嶺橋十一都嶺根沈大權築建

濟上坂橋十一都蔡化龍築建

渡

石龍渡縣北石龍潭明崇正十五年知縣楊芝瑞建橋康熙二十五年橋壞於水雍正十年知縣徐義麟造船爲渡勸邑人輸田爲管渡工食籌善後計嘉慶元年邑人周培陞請將所墾中央淤熟田大六石二斗爲渡田

後田渡縣東關外水勢迅急橋成即圮雍正十年知縣徐義麟造置渡船行人便之時邑人何金鼎捐山根田一畝三分土名石磧垃姚大霖捐大坂洋田二畝五分土名壆頭姚天球捐學后田一畝八分坐

屋傍大路後水圳吳公官捐學後田九分坐上洋爲兩渡永遠經費

二都田坑渡里人捐置

五都渡縣北十里岸濶流迅雍正九年村人吳錫泰等募造渡船今改爲橋

堰

趙公堰即周墩堰障盖竹濛漈二溪水入周墩上洋與穿古樓廟下過梯兒村合下灘濟川二水灌東郊田四十餘頃明知縣會壽築崇正間壞知縣楊芝瑞復築又壞今惟官陂尚存冬夏有水堰廢不用

司後堰在布政司後久廢

城內官堰萬歷七年知縣陳九功涖慶相其陰陽開渠引水於西門外里許築壩水由西城入環繞東北城鄉而出歷久阻塞壩壞乾隆十六年知縣鄧觀以城中堰水可培地脈可防火患捐俸倡築水壩疏通水道二十二年知縣陳春芳斷將楊家樓官田平租七十把歸與官堰人口食后因佃人地練分肥

田租水道仍塞道光四年知縣黃焕諭通水堰邑人捐貲疏瀹並將楊家樓田照案歸管其田一段土名莒蒲洋計租陸把一段五嶺坑租陸把一段高坂貳把一段英坑洋伍把水澗洋伍把一段寮前租貳把一段欄路下租貳把一段外車岱租伍把一段深渡租拾把共計實租肆拾叁把四年邑人增置吳積純南門外土名塘園田大租貳拾把稅壹畝陸分又買王自傳東門外土名大坂洋墩上田大租壹拾貳把坐稅壹畝零捌釐共計城鄉堰租柒拾伍把擇人管理毋使壅塞以垂久遠

陂

官陂在邑上游因趙公堰壞障濟川下灘二澗水溉大坂洋田四十餘頃俗稱官陂耕者便之趙公堰遂塞不用道光十四年水流十五年吳長[illegible]等捐修

後姚陂

謝家陂

新碓陂俱在縣東

潭頭陂在縣北石龍潭上下

小濟陂一都

村頭陂

中村陂三都

柿兒陂周墩俱在二都

山邊陂

中陂竹坑俱在四都

朱村陂在五都邑令曾壽築乾隆丁亥推圳塞嘉慶壬戌葉旭祥張貴達等復濬按租捐置田畝年加障理

長田陂在六都

溪北陂在八都

溪頭陂

黄壇陂俱在九都新窑

潘衙陂九都新亭

田邊陂

伏田陂

獨石陂在竹口里許陂水灌田甚多舊因王姓覇阻不能入水知縣彭潤章親督鑿石入水耕者德之

後坑陂俱在九都竹口

栢渡陂

大澤陂俱在十二都

亭

勸農亭豐山門外大坂洋今廢詩見藝文

迎春亭後田安定橋前

褒封亭明萬歷四十一年爲葉自立任天津右衛經歷九載考最褒封其父愛軒建順治十七年燬

康熙五年邑人姚鐸捐貲重建夏月烹茶以爲行人遊息詩見藝文

風舞亭後田石埠前詩見藝文

一源鎖脈亭郎登俊坊後田街里人衆建　以上縣東

百武亭縣南一里

接官亭在拱瑞堂下址存

豐樂亭郎問仙亭詩見藝文

繼善亭祝家洋邑人葉邦憲建記見藝文　以上縣北

拱秀亭嘉慶四年吳邦鑾獨建道光十一年重修

護龍亭嘉慶五年吳艾森恒晶獨建

憩雲亭詩見藝文

翠微亭詩見藝文

來鶴亭詩見藝文

山坳亭

濟源亭

白鶴堰亭嚴煥欽妻葉氏建

墩根亭嘉慶十七年吳昌興重修 以上俱在下管

半嶺亭嘉慶六年周增孝建

嶺頭亭乾隆五十一年周榮舉建

白雲亭

清泉亭

尊光亭嘉慶九年吳昌興修

觀幽亭

聽鹿亭詩見藝文

少憩亭

桂香亭

步月亭

總煥亭

甘谷亭

洋溪亭

望月亭 嘉慶戊寅上晉介賓吳先權獨建

魏壽亭 以上俱在上管

新坑亭 嘉慶五年募建

柿兒亭 今廢

周墩茶亭

脚跡亭 嘉慶十年吳元翰建

應嶺亭 邑人余標余槐同建

映壁亭 嘉慶十一年吳元翰妻葉氏建

亭 五十

上洋亭 詩見藝文

天師坳亭 道光三年吳昌興建

濛洲亭 乾隆十四年里人張啟璣建

濛淤茶亭 道光十一年周永福建併捐入已田土名灘壆租肆拾把永爲茶火之需

石馬亭

洋心亭

南坑口亭 道光五年建

八角亭 康熙二十八年里人張增玉募建乾隆三十九年張仁佰募修

水凹亭 乾隆四十二年里人張從翰建

東關亭 里人吳日才建
西坑亭 嘉慶二十一年邑人捐建
巖嶺亭 里人張從任募建
金鑾亭 里人林春球建
頂豐亭 林以坤妻吳氏建
青松亭 蔡川
備風亭 新村衆建
步雲亭 里人吳兆欽建
加豐亭 岩下

五社亭 蔡川
五大保茶亭 乾隆五十一年葉發艮倡建
蓮花亭 賢艮乾隆丁丑年葉華新獨建
上馬亭 賢艮
半邊亭 賢艮
岱頭亭 賢艮
叠木洋亭 賢艮
漈頭坳亭 黄壇
松嶺亭 石板倉

新樂亭南洋乾隆五十一年衆建

噢水亭乾隆四十一年張從總建

青草亭

獅仔亭大洪

築息亭邑人吳其玉募建

望遠亭邑人吳星海募建

由義亭在喜鵲坳嘉慶六年邑人姚匡建另屋三楹着人住守并捨入田一段水凹洋土名橫山後大租壹拾把一段盖竹坳根土名外洋石岩下平租骨皮共陸拾把二段共坐稅叁畝玖分八釐以爲茶火之需

以上二都

西山亭詩見藝文

鷺鷀坳亭邑人吳元瀚建

步雲亭里人姚伯耀建

世美亭磨手嶺頭道光七年邑人姚園建並置茶田捌拾把合稅柒畝坐落嶺頭土名亭下記見藝文

彰善亭磨手嶺尾道光七年姚園重修

新嶺亭

下庄亭里人吳士武建

赤搏嶺亭里人吳秉夏建

派石亭邑人姚自養建詩見藝文

烏石亭詩見藝文

翁山亭江西范協章建

以上三都

蕉坑亭邑人吳德深建

竹坳亭

接龍亭飯甑磐嶺頭余光通倡修

種德亭深塢嶺周翰才重修

黃田亭道光五年後建同治九年后田姚甫昌獨修

以上四都

五都茶亭奉鄒公撥入坂塅舖門淤田壹拾把乾隆四十八年重修里人劉開基捐入土名青坑橋租五把陂蓬湖租五把邑人真玉圭劉德潚倡捐同五都金村衆等將捐項除建造茶亭外餘資置買本

村土名車尾租四拾把又上淤土名缸鉢窑坑下租肆拾柒把永爲茶火之需道光十二年於亭後砌築石墈建造後堂

積善亭 畲塆村對面嘉慶十七年議敘州判姚鸞建

護蔭亭 以上五都

洋里亭

芸洲茶亭

龜亭

旨後亭 夏炳艷建

洲興亭 夏炳艷建

九曲嶺亭范維秀范維連倡建

仙人亭范維秀范維連倡建　以上六都

八角亭詩見藝文

中村亭里人周之德募建

揀花亭在源尾　以上七都

迎恩亭在槎溪嘉慶元年知縣魏燮龍倡建

橫[石柬]亭在上淤下

慶豐亭里人方建賢倡建

冷水亭里人李燻重建　詩見藝文

掬水亭 詩見藝文

明答亭 詩見藝文監生吳瑞元重建置租叁拾把以備修葺

浙闕亭 范維秀范維連建道光八年子邦長邦基重修復於亭後竪屋三搵並置入田土名雙坑口上下三段共租陸拾把以爲茶火之需 以上八都

山後嶺頭亭 山後嶺上建亭屋三搵亭之後另屋三搵祀觀音像乾隆乙亥年里人季上機等請邑令羅岳琫斷除吳本報陞山根廟前官淤田額外將淤田分斷陞 把又季上機捐新窟村土名大路亭下大租貳石募人住守烹茶以垂永久行人德之咸豐八年燬於匪十年季鑑吳新堯等捐緣建亭同治二年紳士季鑑姚逢昌張慶堂余茂椿姚遠聲吳文淵等捐資復建觀音堂

旌善亭 里人季世然建今廢

長秋亭里人季上壁建

大觀亭在竹口水尾獅伏石亭道光八年燬九年里人復建

積善亭本里庠生吳溶建

聽泉亭里人楊德華建

正祥亭里人許燦建

樂善亭道光元年里人吳恒憲建并甃路至後坑橋五百餘丈　以上九都

新亭武生蔡朝樑建

五里林亭

烏堀亭

後坑茶亭

榮慶亭里人吳經訓楊佛郎募建　以上十都

合志亭邑人葉增芳周運金同建

壽嶺亭

黄畚亭邑人蔡朝藩建

山竅亭邑人蔡天星建

安良亭邑人蔡元達建

傳興亭道光五年邑人葉邦馨建亭内竪屋二楹祀觀音佛像并置入田土名打鼓岡租拾石又置山場壹處土名岡嶺頭以垂永久　以上十一都

關門㘭茶亭吳大榮僧心明募建

適情亭里人葉增芳建

祈福亭

福興亭在大澤

榮興亭里人劉尚生捐建

迴龍亭吳姓衆建

蛟蟲會亭蔡文瑛建

裕後亭李村蔡朝梁建

慶善亭姚村邵文元建以上十二都

裕後亭小濟門同治六年濟川國學生吳汝鎣獨建

光裕亭濟川同治十三年庠生吳文斐獨建

繼述亭在磨石灣同治十三年大濟監生吳文銘獨建

護障亭拱瑞堂門左同治十年董事季占雲建

大生亭小濟水尾同治十三年吳蘧獨建

繼善亭在大濟烏岱嶺光緒二年監生吳汝汾建

新嶺亭魚川咸豐十一年建

七星亭蔭頭道光二十四年建

接龍亭東山后

東坳亭東山后

西坳亭東山后

中心亭東山后

西進亭薦坑同治十一年建

青草坳亭後坑咸豐五年建

田坑茶亭二都陳光壽葉作秀等建

高崗亭留香胡尚經建

善慶茶亭北川林恒興、恆珠、林先魁、先河、葉安静、葉安煦、家貽建，并置茶田招人任管

榅坳茶亭吳其睿、余光通等倡修

快齋亭南洋

湖答亭南洋

清風亭南洋

安樂亭青草嶺周義金捐建

洋頭亭黄土洋周啟程周世滿捐建

店洋亭坑下道光十八年建

坑下亭坑下道光十八年建

桶坑嵐亭坑下同治二年陳守美建

小眷坳亭二都后洋村

墓窟崗亭在石塘

護龍亭二都南洋道光乙酉年建

三繞亭二都賢洋葉作揄葉作楷建

五漈亭二都賢良

青松亭在南洋

松風亭在應嶺頭后田武生姚廷茵建

崗頭廟亭三都中村吳榮相吳榮科建

百歲亭五漈下放牛崗姚伯炳妻陳氏建

仁壽亭林后捕樹邊梛遠鵬建

平岡亭烏石嶺陳傳興妻翁氏建

新亭林后水尾道光二十五年耆賓周承茂獨建

基盤亭烏峯庵下咸豐元年吳餘忠餘川等衆建

雙廣茶亭竹林后余光通倡建

新蘭亭高漈

東山亭五都慈照寺前咸豐四年周日壽獨建

石山頭亭五都野猪窠道光二十四年周日京建

筏渡亭五都金村渡口康熙十八年李劉吳三姓仝建并捨田租給筏夫工食廩生李存常捨入新坑橋頭坑外田租十八把劉培英捨入牛尾淤田租八把劉廿二吳永存吳旭三八同置入烹蓬湖栖凹田

租十八把吳徃弟捐尾三千片吳□□入村頭園田租四把緣首李行相捨入柿山坳田租十六把五段計大租六十四把正糧稅各坐己戶完納勒碑於亭內雍正十年劉世有李長標吳錫泰葉文盛等復捨入大租一百八十二把知縣徐羲麟又斷入土名橫塅頭大租六十把稅坐金村渡戶乾隆二十六年葉廷垣李長侯李長英劉漢表吳信榮等同議捐貲改渡造橋其租撥入金村橋以備修葺四姓同理至今增置田畝新舊計租壹千肆百餘把勒石村頭廟中以垂久遠亭久廢同治十二年李劉吳三姓復建

吉星亭蔡段咸豐十一年藍奇棟藍宜松捐建

福興亭在塗坑黃時高黃與遠葉相勉葉相練陳官來孫必進等捐建

積善亭在泮里坳

飛鳳亭七都桃坑葉美發建

清風亭七都蒲潭吳高河仝弟高德建造

靜心亭蒲潭吳登森建

沙圵亭蒲潭范蓮潘建

吉慶亭安溪吳金榜等集登瀛榜資建造

四照茶亭七都大柏欄

水尾亭七都何山頭嘉慶十一年吳王松建

傳芳亭八都楊公海王金河柳懷煥劉郁王仝建

樂善亭余村范尚珠建

麒麟茶亭余村范尚珠建并捐已田租五十把爲茶火需一段土名亭上下一段土名堂下湖

半嶺亭山後坑里人吳文華建

清淨亭在八都棘蘭嶺同治二年吳汝璋甘必禮吳汝棫吳其睿葉紹芳李明穀吳松傳王開穀等捐建亭后豎造觀音堂置租招人住守烹茶以便行人

醴泉亭九都同治十一年李必淮獨緣建造

深坳亭九都叅鳥道光十一年監生沈濂建

成美亭舊名旌善亭廢貢生李鑑復建

餘慶亭良秋周光富獨建

濟昌亭良秋監生周光珠獨建

新涼亭十都周桂攀周桂香仝建

正坳亭中漈賴沈氏建

樂善亭上漈盧元財建

大崗亭朱塢監生蔡化龍建

大風坳亭十一都同治十二年從九蔡郊獨建

嶺後亭李村武生蔡朝樑建

裕後亭白渡口吳森蔡進誠仝建

雙溪口亭監生沈濂建

閣

尊經閣在學署奎星樓道光十六年儒學呂榮華洪時濟倡修同治二年教諭孔憲釆倡修同治十三年教諭韓錦濤率董倡捐重修

文昌閣一在大濟水尾萬歷三十六年里人吳倖倡建詩見藝文

一在舉溪康熙元年里人吳如公倡建嘉慶二十三年吳念祖等捐修

一在竹口乾隆二十二年建道光十年重修

一在二都蛤湖嘉慶四年建

一在八都槎溪法會寺右嘉慶十八年知縣魏蘷龍捐建道光廿三年燬楊園楊夢申等於咸豐六年復建

大士閣石龍山中明天啟四年知縣樊鑑建詩見藝文

一在西門外三都磨手嶺頭道光七年邑人姚園建記見藝文

準提閣在四都黃堂岡下久廢其田租盡撥入無疆堂

一在竹口關帝廟后乾隆二十七年坦里人捐資平
建三楹

松風閣二都南陽咸豐十年復建

觀音閣豐山門外久廢　一在上管

一在六都芸洲

奎星閣在南陽咸豐十年建

塔

文明塔舉溪梅花嶺巔康熙元年吳如公倡建

塔下環栽梅株掩映關麗別一洞天

賑䘏

維天地有夭閼之氣故在人有鰥寡孤獨疲癃

殘疾之民其生也不能自爲食其歿也不甘委

諸壑計額授粮捐地埋骼亦哀我瘽人澤及枯

骨之仁政歟

養濟院又名存卹舊在縣治東隅上倉明嘉靖十四年知縣陳澤貿價築城改建縣北石龍寺左崇正十六年知縣陰佑宗重建乾隆六十年知縣戈廷楠重修道光十二年知縣吳綸彰重修光緒二年知縣史恩緯重修

育嬰堂在縣治東埜塘巷口道光二年知縣樂韶建并捐俸置買田租四都洋心及菴門三十五把東坑源墓菴嘴三十五把黃田亭八把溪傍洋心菴門十二把竹林頭十八把茶仔林十把黃坑坳尾六把大坂洋衕上秧地十六把山嘴簿壯垣三十把以上九段共大租壹百七十把計稅十五畝三分 一撥白蓮堂發菴租坐落菴門五十五把上灘下三十把大濟洋五十五把小濟碓門四把旱田十把醮田十

把廳下秧地二把梁山下八把尾窪柵并直埼十五把大濟洋八把下田門四把倉灣雙甲二十把亭基四把村頭洋八把新亭洋八把魚垢十五把倉灣山下三把倉灣八把苦株樹十五把茶果三把仙桃嶺十五把白寒圳十五把白蓮堂嶺尾三把以上二十三段共大租三百十八把計稅二十八畝六分一釐

一抽石龍山菴租坐落四都坑西上亭十把馱坑周塢麓三十把以上二段共大租四十把計稅三畝六分

一抽莊嚴寺毛租坐落白嶺頭朱垢一百二十三把坑邊門前徐洋三十把蔡段爾山頭灣十把張元坑和尚崗六十四把蔡段黃沙洋四十把以上五段共租二百六十七把計稅二十三畝一分三釐

一抽準提閣租坐落下灘平崗二十二把五都坂墺冬瓜灣三十二把九畝柵四十把柿坳上下二段共租二十六把泥潭會十三把長塘後四十把毛麓九把以上八段共大租一百八十二把計稅十五畝三分三釐

一抽拱瑞堂租坐落大坂洋墺頭尾窪三十把董坑十六把樟坑六把水蛇欄六把横山八把

上洋二十把水流大灣七把鐵嶺六把坑西口并尾窪灣共租三把米篩塆二十把花坵五把坑坑傍五把坑沿五把上洋灣二十三把大濟嶺尾十二把以上十五段共大租一百七十二把計稅十五畝四分八釐　一抽烏峯庵中租坐落七都徐墩門前硤地十二把今收四把菴門段內三十把以上二段共租四十二把計稅三畝七分八釐　一抽淨悟寺中租坐落七都張天深坵六把企礱二十七把潘坂三十六把棕衣礱十二把半李宅門二十四把門下礱十把村頭礱九把張地獨工六把土名八把入把溪漖兜馬鼻礱及松樹林共三十五把爛漿礱二十一把門下礱并屋基三把碓下坑及路頭十二把內關平租土名半嶺十五把牛欄坵九把下嶺并下嶺橋共十五把中村油榨礱二十把呂源胡磚街二十把以上等段共中租二百八十八把半計稅二十六畝一釐一抽眞乘寺租坐落六都外童外礱七十把內礱七十把洋心碓坵二十把凸頭上下二十把七都坑口三十段內合租二把二斗梧桐崗二十二把徐墩五

工及北山田杉樹林共五十五把樟坑長老壟五把半蒲潭橋頭十一把仙山頭洋頭坵段內六把六斗失以上十一段共租二百八十二把三斗計稅三兩一錢六分九釐二毫　一抽慈照寺租坐落五都魏溪壇坵及坪路共四十九把上田山等段四十九把三都小源松樹壟坑沿等段中租十三把半小安石龜二十五把坑頭尾十五把坑頭十二把半半嶺坑頭十二把半根竹山柿樹坂十八把簟坪坵十八把大路後十一把半柿樹墳五十一把半以上等段共租二百七十五把半　一抽慈相寺中租三都後洋下塢二十八把欄下及干坑洋二十六把牆下八把處下等段十把欄下十四把調壟二十把以上等段共租一百零六把　一抽伏虎菴租小源和尚壟二十二把小安黃田嘴二十把干坑蘇前十把烏壟及處秧地地及各芭蕉壟十八把長過十五把黃花源二十四把後洋烏壟上下二段共四十二把以上等段共租一百五十三把三菴計稅五十七畝八分一抽花成寺租坐落下際鋪前沙坵四十石實收三

十石西郿園二石三斗洋源坂四石上塢十一石寺門路下五石巷蔴車二石六斗六升東山後馱礱及墪上共八石以上七段共大租六十二石九斗六升計稅二十九畝二分　一抽天眞寺坐落十都雙井空壙八石垻頭坵三石巖塘蓮花彎及苦竹衕雙礱等段共九石十二都台湖寺坂六石停水坵四石貓兒塢九石下洋衕地及菜園一石二斗以上七段共大租四十石零二斗計稅十六畝六釐　一抽淨心寺租九都塢頭墪十石馬調五斗文昌淤五斗坡頭五斗仗山下五斗地礱窟六石寺后過坑彎并對門鐮嘴四石六斗青峯山蕐龍崗五石龍井頭老菴基一石五斗以上九段共租二十九石一斗　一抽大覺寺租坐落洋源邊及寺門外路寮下二十六石會安橋頭欄礱坵十八石以上二段共租四十四石淨心大覺二寺租計稅七畝六分　一伏虎菴僧湧岸捐小源林下平租二十六把新庄林平租三十三把于坑洋平租二十六把畨頭嶺邊段丙平租四把高㙟頭十六把以上五段共平租一百零五把折合大

租五十二把半計稅四畝七分七釐　竹口義士田家修捐九都湖塘大租二十把稅一畝八分　后田義士吳昌興捐五都坂塡碓下礱中租四十七把塆頭門及梅樹下段內中租五十三把三碩中租二十五把以上三段共租一百二十五把計稅一十畝　道光七年知縣欒由遂安縣寄銀壹百兩置買四都學后三角坵二十二把　五年知縣黃煥捐置民田二十把坐稅一畝八分早失　同治三年知縣程國鈞斷歸五都茶亭𥞊首田坐落朱村坵下干租二十二把　六年知縣呂懋榮斷歸周墩洋後并上抗水租七把七都內關碓圳下平租四把　九年知縣彭潤章斷歸塆下洋開荒田干租三把　老育嬰堂義士朱君相捐五都魏溪老鼠山下大租四十把水流今收干租八把通共原額租貳千六百零九把八成又一百七十六石二斗六升原議條規二十則增設條規三則又續議條規十四則詳刋嬰堂章程故不贅

漏澤園一在社稷壇右萬歷元年知縣勞銘彝置 一在濟川門外大濟嶺里人吴俸葉自芳同捨置 一在豐山門外光面山里人葉珠捨置 一在薰阜門外尾窟山 一在安定橋上官跛頭里人葉京捨置 一在西都鐵山里里人葉銘捨置 一在城内上倉樟樹坪里人吴鼎之捨置 一在竹口西北去竹口里許 一在竹口東南伏石關下去竹口數武

停棺所在北門外石龍寺右咸豐七年里人姚冠幸姪文璣文登文增文坊重建

慶元縣志卷之三

知慶元縣事林步瀛
史恩緯重修

賦役志

土田　額徵　起運
存留　外賦　蠲恤

賦役爲經費所出任土作貢歷代互有不同而要其取民有制不外租庸調三者而已慶自闢耿之變戸口凋敝田多荒蕪五行百産之精一似有衰無旺矣

恭遇我

朝

列聖加意休養一切鹽害里役革除殆盡二百餘年來戶口漸繁而賦不加增蠲

詔屢下而農有餘粟司民牧者體撫字之仁以行催科之令全書具在不可不遵守也志賦役

土田

古聖王成賦中邦必別三壤慶爲巖疆乃楊州荒域地僻民稀計畝定稅往往有不均之嘆前明隆慶間區分六則其法最審民困始蘇蓋地有高下土有肥瘠依山阻澗相去不遠因前代

以酌其宜準土田以定其賦斯有得於錯上中

下之意耳

大洋爲畈則附郭貳百肆拾步起實稅壹畝鄉畈則折實稅玖分

山礱爲礱則附郭貳百肆拾步折實稅捌分鄉礱則折實稅柒分

山塢爲塢則貳百肆拾步折實稅陸分

山邊爲拼則貳百肆拾步折實稅伍分

溪邊爲沙則貳百肆拾步折實稅肆分

山岡坪爲岡則貳百肆拾步折實稅叁分

按康熙三年奉

吉令業人自行丈量縣官履畒後丈務使因田定稅因稅

定賦時坊里姚文信吳元舉等連名具呈知縣程

維伊俯循舊例詳請各憲批允恪照隆慶年間六

則開丈在案康熙四年魚鱗冊成原額無缺詳覆

藩司賦稅不虧今以所須之全書對前此之鱗冊

其額徵仍無缺云

額徵

糧有多寡由乎地有廣狹慶廣袤百里平衍者

什一崇複者什九水冽土瘠號稱最下但則壤

成賦自有定額謹錄原徵詳注損益如左

原額田壹千壹百貳拾叁頃伍拾玖畝肆分柒釐玖毫加乾隆貳拾捌年爲確查開報陞科事案內新陞田柒畝壹分貳釐貳絲加乾隆叁拾捌年新陞田壹畝肆分肆釐陸毫除雍正柒年爲請定各省耕耤等事置買耤田肆畝玖分

實徵田壹千壹百貳拾叁頃陸拾叁畝壹分肆釐伍毫貳絲每畝徵銀捌分陸釐陸毫伍絲該銀玖千柒百叁拾陸兩貳錢陸分陸釐伍毫叁絲壹忽伍微捌塵每畝徵米壹合柒勺捌抄壹撮該米貳百石壹斗壹升捌合柒勺陸抄壹撮陸圭壹粒貳黍嘉慶貳拾伍年知縣孫榮績爲田地被坍照例請豁虛糧事案內坍沒田叁拾頃貳拾壹畝壹釐除銀貳百陸拾壹兩柒錢柒分伍毫壹絲陸忽伍微除米伍石叁斗捌升肆勺壹抄捌撮捌

圭壹粟　實徵田壹千玖拾叁頃肆拾貳畝壹分
叁釐伍毫貳絲實徵銀玖千肆百柒拾肆兩肆錢
玖分陸釐壹絲伍忽捌塵　實徵米壹百玖拾肆
石柒斗叁升捌合叁勺肆抄貳撮柒圭玖粟壹粒
貳黍

原額地伍頃貳拾叁畝柒分伍釐陸毫除雍正柒年爲請定各省耕耤田案內置買壇基地貳畝

實徵地伍頃貳拾壹畝柒分伍釐陸毫每畝徵銀捌分該銀肆拾
壹兩柒錢肆分肆毫捌絲嘉慶貳拾伍年爲田地
被坍照例請豁虛糧專案內坍沒地肆拾玖畝玖
分玖釐除銀叁兩玖錢玖分玖釐貳毫　實徵地
肆頃柒拾壹畝柒分陸釐陸毫　實徵銀叁拾柒
兩柒錢肆分壹
釐貳毫捌絲

原額山貳百頃陸畝伍分每畝徵銀壹釐叁毫該銀貳拾陸兩捌釐肆毫伍絲

原額塘壹頃壹拾柒畝伍分玖釐捌毫每畝徵銀柒分叁釐貳毫

該銀捌兩陸錢捌釐壹毫柒絲叁忽陸微嘉慶貳拾伍年爲田地被坍請豁虛糧事案內坍沒塘壹拾伍畝陸分伍釐除銀壹兩壹錢肆分伍釐伍毫捌絲　實徵塘壹頃壹畝玖分肆釐捌毫　實徵銀柒兩肆錢陸分貳釐伍毫玖絲叁忽陸微

原額人丁陸千肆百伍拾柒丁口伍分每口徵銀捌分玖釐伍毫

該銀伍百柒拾柒兩玖錢肆分陸釐貳毫伍絲嘉慶貳拾伍年坍沒田地塘免徵人丁壹百柒拾伍丁陸分伍釐叁毫陸絲叁忽除銀壹拾伍兩柒錢貳分玖毫玖絲玖忽捌微捌塵伍渺　實徵人丁陸千貳百捌拾壹丁捌分肆釐陸毫叁絲柒忽

實徵銀伍百陸拾貳兩貳錢貳分伍釐貳毫伍絲

壹微壹塵伍渺每丁原徵田地山塘銀壹兩伍錢
貳分派人丁壹丁

已上原額田地山塘人丁等項額徵銀壹萬叁百
玖拾兩伍錢陸分玖釐捌毫捌絲伍忽玖微捌塵

額徵米貳百碩壹斗壹升捌合柒勺陸抄壹撮陸
圭壹粒貳黍內除耤田壇基及加開墾新陞等項

共徵銀壹萬叁百玖拾兩伍錢陸分玖釐捌毫捌絲
伍忽壹微捌塵　除坍沒田地塘銀貳百捌拾貳
兩陸錢叁分陸釐貳毫玖絲陸忽叁微捌塵伍渺

實徵銀壹萬壹百柒兩玖錢叁分叁釐伍毫捌絲捌

忽柒微玖塵伍渺外賦加蠟茶顔料新加銀柒拾貳兩柒錢壹分伍釐叁毫柒絲捌忽肆塵貳渺伍漠除坍沒銀壹錢肆分陸釐實徵銀柒拾貳兩伍錢陸分玖釐叁毫柒絲捌忽肆塵貳渺伍漠加蠟茶顔料時價銀壹拾柒兩貳分柒釐玖絲伍忽陸微貳塵伍渺除坍沒銀肆錢肆分柒釐實徵銀壹拾伍兩伍錢肆分柒釐捌毫壹絲壹忽捌微柒塵伍渺藥材時價銀叁錢壹分壹釐肆毫捌忽叁微伍塵柒渺壹漠肆埃貳纖玖沙除坍沒銀捌釐實

徵銀叁錢叁釐肆毫捌忽叁微伍塵柒渺壹漠貳
纖玖沙加匠班銀玖兩玖錢柒分貳釐除坍沒銀
貳錢柒分壹釐實徵銀玖兩柒錢壹釐加零積餘
米改徵銀壹錢壹分貳釐貳毫叁絲貳忽玖塵玖
渺通共
實徵銀壹萬肆百玖拾兩柒錢柒釐玖毫玖絲玖忽
叁微叁渺陸漠肆埃貳纖玖沙
共徵米貳百石壹斗壹升捌合柒勺陸抄壹撮陸圭
壹粒貳黍除坍沒米伍石叁斗捌升肆勺壹抄捌

撮捌圭壹粟實徵米壹百玖拾肆石柒斗叁升捌合叁勺肆抄貳撮柒圭玖粟壹粒貳黍　內除零積餘米壹斗壹升貳合貳勺叁抄貳撮玖粟玖粒除坍沒米叁合實徵米壹斗玖合貳勺叁抄貳撮玖粟玖粒

實徵米貳百石陸合伍勺貳抄玖撮伍圭貳粒貳黍除坍沒米伍石叁斗柒升柒合肆勺壹抄捌撮捌圭壹粟實徵米壹百玖拾肆石陸斗貳升玖合壹勺壹抄陸圭玖粟貳粒貳黍每石改徵銀壹兩貳錢

外賦入地丁科徵本縣課鈔銀玖拾玖兩陸錢陸
分叁釐肆毫肆絲係隨糧帶徵卽在地丁編徵之
内又外賦不入地丁科徵薦新芽茶折價肆錢捌
分
已上地丁漕米及各欵併外賦通共實徵銀壹萬肆
百玖拾壹兩壹錢捌分柒釐玖毫玖絲玖忽叁微
叁渺陸漠肆埃貳纖玖沙　除坍沒銀貳百捌拾
伍兩叁錢柒分叁釐貳毫玖絲陸忽叁微捌塵伍
渺　實徵銀壹萬貳百伍兩捌錢壹分肆釐柒毫

貳忽玖微壹塵捌渺陸漠肆埃貳纖玖沙

遇閏加銀貳百玖拾兩肆錢捌分貳釐伍毫貳絲

肆忽貳微肆塵肆渺陸漠貳埃捌纖肆沙　加閏

米壹拾伍石捌斗肆升叁合除坍没米肆斗貳升

伍合玖勺　實徵米壹拾伍石肆斗壹升柒合壹

勺　又驛站新加銀貳拾兩壹錢陸釐

通共加閏銀叁百壹拾兩伍錢捌分捌釐伍毫貳絲

肆忽貳微肆塵肆渺陸漠貳埃捌纖肆沙　除坍

没銀捌兩肆錢肆分捌　實徵銀叁百貳兩壹錢

肆分伍毫貳絲肆忽貳微肆塵肆渺陸漠貳埃捌

纖肆沙內　起運地丁銀貳百貳拾兩玖錢捌分

伍釐肆毫柒絲肆忽貳微肆塵肆渺陸漠貳埃捌

纖肆沙

起運

治人者食於人惟正之供所當輸也然起運不一

有戶禮工各部欵項有舊編存留裁扣解部及留

克兵餉改入解運等項悉照全書臚列彙解藩司

以昭賦式之正

戸部項下

本色顏料併加增時價及鋪墊損解路費共銀肆拾陸兩柒錢貳釐肆毫柒絲貳忽叁微

改折顏料併加增時價及鋪墊損解路費共銀壹百壹兩肆錢柒分貳釐陸毫捌絲伍忽柒塵伍渺

本色蠟茶併加增時價共銀捌兩貳錢貳分陸釐柒毫肆絲壹忽叁微柒塵伍渺

折色黃蠟併加增時價及路費共銀貳拾叁兩捌錢肆分叁釐伍毫伍絲肆忽壹微伍塵伍渺

折色牙茶併加增時價及路費共銀伍兩叁錢壹分

捌釐玖毫壹絲壹忽貳微叁塵柒渺伍漠

折色葉茶併加增時價及路費共銀叁兩伍分伍釐

捌毫壹絲捌忽壹微貳塵伍渺

已上顔料蠟茶銀壹百捌拾捌兩陸錢貳分壹毫捌

絲貳忽貳微陸塵柒渺伍漠除坍没銀壹兩玖錢

柒分捌釐

實徵銀壹百捌拾陸兩陸錢肆分貳釐壹毫捌絲貳

忽貳微陸塵柒渺伍漠

折色併路費共銀壹千捌百玖拾貳兩伍錢叁分柒
釐肆毫捌絲柒微叁塵伍渺貳漠肆埃叁纖貳沙
新陞共銀柒錢肆分貳釐貳毫陸絲壹忽貳微叁塵
禮部項下
薦新芽茶折價併路費銀貳兩肆錢捌分
茯苓併津貼路費銀壹錢伍分陸釐伍毫叁忽玖微
柒塵伍渺貳漠壹埃柒纖壹沙
攺折藥材併加增時價及津貼路費共銀陸錢伍分
壹毫壹絲肆忽叁微捌塵壹渺玖漠貳埃伍纖捌

沙共扨沒銀捌釐歸於起運地丁項下免征則本
欵每年仍解原數不入原徵科則於地丁項下每
兩科加捌毫柒絲入由单㑹發征輸另欵觧司彚

充餉用

折色併路費銀捌拾壹兩貳錢玖分柒釐貳毫肆絲

捌忽

工部戶下

折色併路費銀捌百壹拾兩柒錢陸分肆釐肆毫捌

絲柒微玖塵壹渺

匠班銀玖兩玖錢柒分貳釐

戶部舊編裁扣解部項下

順治九年裁雜項銀併路費共貳百陸拾伍兩陸錢貳分陸釐伍毫陸絲壹忽柒微壹塵肆渺柒漠伍埃陸纖捌沙

又續裁銀貳百貳拾壹兩陸錢

順治十二年裁傘扇銀捌兩

順治十三年漕運月糧叁分撥還軍儲銀貳百壹兩貳錢柒分柒釐壹絲叁忽陸微肆塵伍渺肆漠

順治拾肆年裁雜項銀貳百叁兩貳分叁釐

又裁膳夫銀肆拾兩

又裁里馬銀捌兩

順治拾伍年裁優免銀貳百伍兩壹錢伍分壹釐捌毫

順治拾陸年裁官經費銀伍拾柒兩玖錢貳分

康熙元年裁吏書工食銀柒拾捌兩

又裁歲考心紅等銀肆兩玖釐伍毫

康熙貳年裁庫學書工食銀壹拾玖兩貳錢

康熙叁年裁齋夫銀叁拾陸兩

又裁訓導門子銀柒兩貳錢

康熙捌年裁驛站銀玖兩玖錢叁毫陸絲叁忽

康熙拾肆年裁雜項銀壹百壹拾伍兩貳錢捌分捌釐肆毫叁忽

又續裁銀肆拾伍兩柒錢貳分柒釐捌絲柒忽

康熙拾伍年裁雜項銀壹拾柒兩伍錢伍分貳釐貳毫

康熙拾陸年裁雜項銀壹拾壹兩叁錢陸分

康熙貳拾柒年裁歲貢赴京路費銀叁拾叁兩肆錢貳分
又裁雜項銀伍拾貳兩伍錢捌分肆釐玖毫伍絲貳忽
康熙叁拾壹年裁驛站銀貳百壹拾玖兩伍錢肆分貳釐捌毫捌絲壹忽肆微玖塵
康熙伍拾陸年裁表箋銀貳兩柒分陸釐伍毫
雍正叁年裁憲書紙料銀陸兩陸錢捌分肆釐叁毫叁絲陸忽

雍正陸年裁燈夫銀貳拾肆兩
雍正拾貳年裁民壯工食銀壹百伍拾陸兩
乾隆捌年裁民壯工食銀肆拾貳兩
乾隆拾貳年裁民壯工食銀叁拾兩
乾隆叁拾伍年裁棘蘭公館弓兵工食銀貳拾兩
留充兵餉改起運項下
田地山銀陸百玖拾叁兩肆錢壹分柒釐玖毫玖
絲貳忽
兵餉銀貳千陸百貳拾貳兩肆錢壹分捌釐肆毫捌

絲陸忽壹微貳塵

糧道項下

淺船料銀壹百捌拾壹兩肆錢叁分柒釐伍毫

除坍沒銀肆兩玖錢叁分伍釐　實徵銀壹百柒拾陸兩伍錢貳釐伍毫

頁具銀貳拾捌兩陸錢捌分貳釐柒毫捌絲陸忽柒微捌塵　除坍沒銀柒錢捌分　實徵銀貳拾柒兩玖錢貳釐柒毫捌絲陸忽柒微捌塵

除坍沒銀柒錢捌分　實徵銀貳拾柒兩玖錢貳

釐柒毫捌絲陸忽柒微捌塵

月糧柒分給軍銀肆百陸拾玖兩陸錢肆分陸釐叁毫陸絲伍忽壹微柒塵貳渺陸漠　除坍沒銀壹拾貳兩柒錢柒分伍釐　實徵銀肆百伍拾陸兩捌錢柒分壹釐叁毫陸絲伍忽壹微柒塵貳渺陸漠

已上共漕運銀陸百柒拾玖兩柒錢陸分陸釐陸毫伍絲壹忽玖微伍塵貳渺陸漠　除坍沒銀壹拾捌兩肆錢玖分　實徵銀陸百陸拾壹兩貳錢柒分陸釐陸毫伍絲壹忽玖微伍塵貳渺陸漠

布政司存留項下

解戶役銀叁拾兩

戰船民六料銀貳拾叁兩捌錢伍分

以上遇閏共加銀貳百肆拾陸兩玖錢叁分捌釐伍毫柒絲肆忽貳微肆塵肆渺陸漠貳埃捌纖肆沙

存留

存留項下官俸役糈祭祀賑邺皆出地丁支給亦仍照全書名目開載經費定額併附加閏於下

府縣經費項下

春秋祭祀銀壹百貳拾柒兩伍錢柒分

文廟香燭銀壹兩陸錢

關聖帝廟祭祀銀陸拾兩

邑厲壇米折銀陸兩

拜賀習儀香燭銀肆錢捌分

迎春芒神土牛春酒銀貳兩

本縣經費項下

知縣俸銀肆拾伍兩

門子工食銀壹拾貳两

皂隷工食銀玖拾陸两

馬快工食并置械銀壹百叁拾肆两肆錢

民壯工食銀柒拾貳两

禁卒工食銀肆拾捌两

轎傘扇夫工食銀肆拾貳两

庫子工食銀貳拾肆两

斗級工食銀貳拾肆两

巡鹽應捕工食銀叁拾陸两

看守公署門子工食銀陸两

舖司工食銀玖拾玖两

通濟橋夫工食并修橋銀肆拾肆两以上工食俱加閏

孤貧口糧柴布銀捌拾肆两

囚糧銀叁拾陸两

典史經費項下

典史俸銀叁拾壹两伍錢貳分

門子工食銀陸两

皂隸工食銀貳拾肆两

馬夫工食銀陸两以上工食俱加閏

儒學經費項下

諭訓俸銀共捌拾两

齊夫工食銀叁拾陸两

膳夫工食銀肆拾两

廩糧銀陸拾肆两

門子工食銀壹拾肆两肆錢以上工食俱加閏

鄉飲酒禮銀陸两

府縣歲貢旗匾銀伍两肆錢

縣生員科舉路費銀叁拾伍两貳錢捌分壹毫玖絲捌忽

府生員科舉路費銀陸两

會試舉人花紅銀叁两伍錢貳毫捌絲

以上遇閏共加銀陸拾叁两陸錢肆分玖釐玖毫伍絲

外賦

學租銀壹拾陸两陸錢叁分每年徵輸解司轉詳學院賑給貧生之用

牙稅銀肆錢下則牙戶壹名每名徵銀肆錢該徵前數另款解司充餉

契稅每買產銀壹兩徵稅銀叁分

牛稅每兩徵稅銀叁分

雜稅徵稅不等以上契牛雜稅三欵歲無定額雜稅每年儘收儘解造報題銷另欵解司充餉

蠲恤

蠲免賑恤王者之盛典我

朝

列聖相承鴻恩稠疊誠曠古所未有也舊志缺載今

查檔案補入以見慶民沾被深湛奕世不忘云

順治朝 二年六月奉

恩詔地丁錢糧鹽課俱照前朝會計錄原額徵解凡加派遼餉練餉名買等項永行蠲免即正額錢糧以前拖欠在民者亦盡蠲免嗣後歷奉蠲免積年拖欠五年十一月奉

恩詔民七十以上者許一丁侍養免其雜泛差徭八十以上給與絹一疋綿一斤米一石肉十斤九十以上者倍之十四年三月奉

恩詔貧民失業流落地方官賑恤全活至五百人以上者紀錄千人以上者題請加級其鄉宦富民尚義出粟

全活貧民百人以上者地方官核實具奏分別旌勸

十八年正月奉

恩賞老民如五年例

康熙朝 十年奉

恩旨以虫災蠲免粮餉銀一千四百二十七两有奇二十

三年九月奉

恩詔用兵以來供應繁苦宜加恩恤二十四年所運漕粮

免三分之一又十三年至二十二年拖欠漕項錢粮

毎年帶徵一半以免小民一時並徵之累二十六年

五月奉
恩詔十三年以後加增各項雜稅查明豁免二十七年十
月奉
恩詔二十八年地丁錢粮俱着蠲免民年七十八十九十
以上者給與絹綿米肉如順治十八年例三十年十
二月奉
上諭蠲免三十三年漕米四十二年三月
恩賞老民如二十七年例四十三年十月奉
上諭蠲免四十四年地丁四十七年四十八年五十年並

蠲免地丁銀如前數五十二年三月奉

上諭編審人丁但據康熙五十年丁册定爲常額續增人丁永不加賦又給賞老民如四十二年例六十一年亦如之

雍正朝 元年八月

恩賞老民如制七年十月奉

上諭本年額徵地丁屯餉錢糧蠲免十分之二十三年九月十一日疊奉

恩詔給賞老民如康熙六十一年例

乾隆朝　十年正月奉

上諭蠲免十二年地丁錢糧三十五年正月奉

上諭蠲免三十七年地丁錢糧四十二年正月奉

上諭蠲免四十四年地丁錢糧五十五年正月奉

恩詔蠲免五十八年地丁錢糧六十年二月十五日奉

上諭蠲免五十八年以前節年積欠正耗十月初八日奉

上諭蠲免嘉慶元年地丁錢糧

嘉慶朝　元年　月奉

恩詔民七十以上者賜九品頂帶九十以上者七品頂帶

其餘絹綿米肉如康熙五十二年例十四年正月奉

恩賞老民查照元年例二十四年正月奉

上諭蠲免二十三年以前各省節年民欠正耗

恩賞老民如十四年例二十五年十月奉

恩詔查道光元年境内耆老年歲相符分别給與品級頂

帶如二十四年例

道光朝　十五年十月奉

上諭豁免道光十年以前民欠錢糧二十五年奉

上諭豁免二十年以前民欠錢糧

咸豐朝　元年正月奉

上諭豁免道光三十年以前民欠錢糧又奉

恩賞老民如道光元年例八年十一月奉

上諭被粵匪蹂躪之北鄉本年全糧豁免其東南西三鄉

減免二成

同治朝　元年　月奉

恩賞老民如咸豐元年例十三年三月奉

上諭豁免同治六年以前民欠錢糧

光緒朝　元年正月奉

恩賞老民年歲相符分别給與品級頂帶是年三月又奉
上諭豁免同治十年以前民欠錢糧

慶元縣志卷之四

知慶元縣事林步瀛 史恩緯 重修

學校志

學宮　位次　祭器　樂器　舞器
樂章　宸翰　讀訓　書籍　名宦
鄉賢　學田　書院　義學　射圃
賓興田　卷田

古之教者家有塾黨有庠術有序既闢其地以居之又立之師以範之夫是以教成於上而澤流無窮也宋慶歷間詔天下州縣皆立學而慶之學始剏建於嘉泰之初嗣後遞修遞葺更張不一書院有志義塾

有書課士有期養士有膳凡學校中所應有者無不
纖悉具備我
國家興賢育士遠超漢唐
天翰宸章以時訓飭爾多士躬逢
盛世漸被濯磨當身體力行毋自失爲學校中人可也
志學校
學宮
宮有殿廡聖靈棲焉墻高數仞禮器存焉廟貌
偉然聖座巍然邑人士入廟思敬固宜其丹䨼

類加有修無已也

先師殿縣東豐山門外南向凡三楹前作三増

露臺正殿前

兩廡各五間

戟門凡九間

頖池戟門前

櫺星門頖池前

屏門左右爲德配天地道冠古今牌坊

崇聖祠正殿後

名宦祠 戟門左

鄉賢祠 戟門右

土地祠 戟門左

明倫堂 正殿左朱晦翁書額

登雲橋 明倫堂前橋下爲池

道義門 登雲橋前凡五楹

儒學門 道義門前凡五間

孝友祠 明倫堂左

訓導宅 明倫堂下左側康熙四年訓導周之瀚建今廢遷入城内詳見衙署

儒學舊在縣北瀆田上村宋慶元三年令富嘉謀建至元時燬洪武十四年知縣董大本改建於就日門外三十一年知縣羅士勉教諭宋觀建戟門兩廡櫺星門天順二年知縣張宣以地臨溪澗齋舍下濕復遷瀆田故址鄭師陳有記見藝文成化十年知縣余康建尊經閣嘉靖十年知縣鄭舉奉建啓聖祠於明倫堂後建敬一箴亭於啓聖祠東二十五年築城學在城外阻二澗水師生登謁稱艱隆慶二年知縣彭适教諭顧翼高生員吳述等議改爲便上其事司府報可嗣任知

縣朱芾乃遷縣治東係總舖典史宅中倉舊址郡人何鎧有記見藝文萬歷二十一年知縣周道長重修四十二年知縣郭際美見明堂隘隘屏墻外排列店房殊不壯觀捐俸三十兩復將生員陳夢霈新墾田租三百二把陞科便畀衍慶等店基十二值開拓明堂左右豎儲儁育英二坊崇正三年知縣陳國璧教諭胡若宏訓導賈應忠議遷上請改建今址捐俸買葉應遇張元郎地不足更以萬壽庵右空地益之胡若宏有記見藝文順治十二年教諭駱起明建露臺於殿前康熙二十一年知縣高嶙鑿頖

池於戟門外環築墻九十丈餘四年知縣程維伊捐俸修正殿九年復建東西二坊十一年訓導戚光朝修櫺星三門五十六年知縣王開泰增葺雍正五年知縣徐義麟教諭孫之騄重建明倫堂徐義麟有記見藝文乾隆三十七年知縣唐若瀛捐俸重修嘉慶十三年大水週圍墻垣冲坍廟宇傾欹十七年知縣鳴山倡修内外焕然一新

位次

三千七十之班名行著矣其後攀龍附鳳或見

知或聞知能闡揚道德表章聖學薪傳賴以不墜者亦得以次相附蓋尊之有名受之無愧云爾

先師殿

孔子正位

四配

復聖顔子　述聖子思子

宗聖曾子　亞聖孟子

十二哲

閔子損　冉子雍　端木子賜　仲子由

卜子商　有子若乾隆三年陞

冉子耕　宰子予　冉子求　言子偃

顓孫子師　朱子熹康熙五十一年陞

東廡先賢同治二年奉文更定

公孫僑　林放　原憲　南宮适

商瞿　漆雕開　司馬耕　梁鱣

冉孺　伯虔　冉季　漆雕徒父

漆雕哆　公西赤　任不齊　公良孺

公肩定　鄡單　罕父黑　榮旂

左人郢　鄭國　原亢　廉潔

叔仲會　公西輿如　邽巽　陳亢

琴張　步叔乘　秦非　顏噲

顏何　縣亶　牧皮　樂正克

萬章　周敦頤　程顥　邵雍

西廡先賢

蘧瑗　澹臺滅明　宓不齊　公冶長

公皙哀　高柴　樊須　商澤

巫馬施　顏辛　曹卹　公孫龍

秦商　顏高　壤駟赤　石作蜀

公夏首　后處　奚容蒧　顏祖

句井疆　秦祖　縣成　公祖句茲

燕伋　樂欬　狄黑　孔忠

公西蒧　顏之僕　施之常　申棖

左邱明　秦冉　公明儀　公都子

公孫丑　張載　程頤

東廡先儒

公羊高　伏勝　毛亨　孔安國

后蒼　許愼　鄭康成　范甯

陸贄　范仲淹　歐陽修　司馬光

謝良佐　羅從彦　李綱　張栻

陸九淵　陳淳　眞德秀　何基

文天祥　趙復　金履祥　陳澔

方孝孺　薛瑄　胡居仁　羅欽順

呂柟　劉宗周　孫奇逢　張履祥

陸隴其

西廡先儒

穀梁赤　高堂生　董仲舒　毛萇

杜子春　諸葛亮　王通　韓愈

胡瑗　韓琦　楊時　尹焞

胡安國　李侗　呂祖謙　袁爕

黄榦　蔡沈　魏了翁　王柏

陸秀夫　許衡　吴澄　許謙

曹端　陳獻章　蔡清　王守仁

呂坤　黄道周　陸世儀　湯斌

崇聖祠雍正元年增封孔氏五世皆爲王爵改稱崇聖祠

肇聖王

裕聖王

詒聖王

昌聖王

啓聖王

東配享

孔孟皮

顏無繇

孔鯉

西配享

曾點

孟孫激

東從祀

周輔成　程珦　蔡元定

西從祀

張廸　朱松

正殿祝文

維某年月日某官某致祭於

至聖先師孔子曰惟

先師德隆千聖道冠百王揭日月以常行自生民所未

有屬文教昌明之會正禮和樂節之時辟雍鐘鼓

咸恪薦以馨香泮水膠庠益致嚴於籩豆茲當仲

春秋祗率彝章肅展微忱聿彰祀典以

復聖顏子

宗聖曾子

述聖子思子

亞聖孟子

配

崇聖祠祝文

維某年月日某官某致祭於

肇聖王

裕聖王

詒聖王

昌聖王

啓聖王曰惟

王奕葉鍾祥光開聖緒盛德之後積久彌昌凡聲教所

覃敷率循源而溯本宜肅明禋之典用申守土之

忱玆屆仲春秋聿脩祀事以

先賢孔氏

先賢顔氏

先賢孔氏

先賢曾氏

先賢孟孫氏　配

祭器樂器

先師孔子萬古一人也禮樂不備不可以祭然籩豆有等佾舞有數嵇志所載已詳兹但於學中所現存者備而録之以俾祭祀時有所考焉

祭器 俱雍正八年學憲李公清植頒發之器

香鼎 正殿巨鼎一

銅錫爵 三十六

錫登 一

錫鉶 二十四

錫簠 一十六

錫簠一十六

錫壺罇五并錫杓六

錫雲雷罇一

錫籩八十四

錫豆八十四

中錫香爐五

中錫燭臺五對

小錫香爐一十二

小錫燭臺一十二對

錫花瓶一對

樂器今殘缺不全

琴四張并絃

瑟二張并絃

簫四管并掛綫

笛四管并掛綫

笙四攢并掛綫

塤二箇并匣

篪二管并掛綫

鳳簫二排

搏拊二面

柷一座

敔一座

楹鼓一面

銅磬一十六懸并架

銅鐘一十六懸并架

舞器

舞杆并金龍首雉尾

翟籥二十四副

麾旛絳綾金龍旛一首并
金龍首硃籤一枝
節二枝并金龍
首硃籤二枝

樂章

春季　夾鐘爲宫倍應鐘起調

秋季　南吕爲宫仲吕起調

迎神　昭平

大哉孔子先覺先知與天地參萬世之師祥徵麟紱韵

答金絲日月既揭乾坤清夷

初獻　宣平

予懷明德玉振金聲生民未有展也大成俎豆千古春秋上丁清酒既載其香始升

亞獻　秩平

式禮莫愆升堂再獻響協鼖鏞誠孚罍甗肅肅雍雍譽髦斯彥禮陶樂淑相觀而善

終獻　叙平

自古在昔先民有作皮弁祭菜於論思樂惟天牖民惟聖時若彝倫攸叙至今木鐸

徹饌　懿平

先師有言祭則受福四海黌宮疇敢不肅禮成告徹毋疏毋瀆樂所自生中原有菽

送神 德平

凫繹峩峩洙泗洋洋景行行止流澤無疆聿昭祀事祀事孔明化我烝民育我膠庠

宸翰

先師殿額

聖祖仁皇帝御書 萬世師表

世宗憲皇帝御書 生民未有

高宗純皇帝御書　與天地參

仁宗睿皇帝御書　聖集大成

宣宗成皇帝御書　聖協時中

文宗顯皇帝御書　德齊幬載

穆宗毅皇帝御書　聖神天縱

今上御書　斯文在茲

謨訓

順治九年禮部題奉

欽依刊立卧碑置於明倫堂之左曉示生員

康熙四十二年

御製訓飭士子文頒行直省各學

雍正三年覆准士子誦習必早聞正論俾德性堅

定將

聖諭廣訓萬年論

御製朋黨論頒發各省學政刊刻印刷齎送各學令司鐸

之員朔望宣誦

乾隆五年十一月

頒發諭旨訓飭士子勸石學宮

乾隆二十四年十二月初五日內閣奉釐正文體

上諭錄縣學政公署并各府州縣學明倫堂

頒發書籍

御纂周易折中　朱子全書

欽定書經傳說　詩經傳說　春秋傳說

御製性理精義

以上綾套書一箱凡六部十七套共二百一十三

本布套書一箱數並同前

欽定四書文

學政全書

御製盛京賦

冊結式

明史

御批通鑑綱目

列祖列宗聖訓

上諭

御批資治綱目續編

平定金川碑摹

續增學政全書

御製平準噶爾碑摹

樂善堂全集定本

欽定鄉會墨

平定回部　大學告成碑文

御纂周易述義

詩經折中

春秋直解

小學孝經忠經

文武相見儀注

禮樂祭器圖考

御製朋黨論

洪範注

上諭

平定青海碑文

上諭定例

學宮儀物撮要

聖朝訓士典謨

聖朝訓士典謨碑

御製詩文集

文職支食俸　廉章程例冊

聚珍板第一單書計十種

聚珍板程式

儀禮識誤

易象意言

嶺表錄異

鄴中記

浩然齋雅談

澗泉日記

歲寒堂詩話

老子道德經

茶山集

御製詩三集

平定金川滿漢碑摹

聚珍版第二單書計十種

農桑輯要

海島算經

夏侯陽算經

傅子

絜齋毛詩經筵講義

帝範

禹貢指南

漢官舊儀

甕牖閒評

拙軒集

擬白居易新樂府

新頒學政全書

御論

欽定六廟樂譜

御製補笙詩樂譜

臨雍御論二篇　西魏書　丁憂起復則例

以上書籍年久蠹蝕散佚無存

同治間浙省肅清後奉

撫憲頒發

十三經古註一部

六經一部　三魚堂全集一部

欽定周易折中一部　書經一部

周官義疏一部　詩經傳說彙纂一部

以上諸書存學署

光緒二年四月奉

學憲胡頒發

欽定周易折中一部　計一函共十本

書經傳說彙纂一部　計二函共十六本

詩經傳說彙纂一部　計二函共十六本

周官義疏一部　計二函共二十四本

儀禮義疏一部　計二函共二十八本

春秋傳說彙纂一部　計二函共二十本

禮記義疏一部　計四函共三十二本

御批通鑑輯覽一部　計六函共四十八本

以上諸書共八部計一百九十本董事具領存書院

名宦鄉賢

先儒以下有能著治績明經義以自表見者是亦聖人之徒也馨香俎豆垂之不朽矣第自分慶以來入名宦者四人入鄉賢者僅一二人外如王子應麟著述甚夥永鑑如神尤光史册乃不與焉非缺典歟用附數言記與論也

名宦

宋縣令富嘉謀　明知縣曾壽　楊芝瑞

沈維龍

國朝大學士徐本

總督郭世隆 朱昌祚 王騭 李之芳

李衛 孫爾準

巡撫范承謨 朱軾

按察使楊宗仁

提督塞理白

鄉賢

宋吳兢處州通判 吳樞嘉興知縣

學田

府志云學之有田所以供士課備修葺也今慶之田類多隱沒前人遺愛後人不得蒙庥惟望司鐸者釐而正之毋使實去名存則善矣

明隆慶三年遷學邑人吳道揆督建仍入所買吳往八七都桃坑田計鄉租肆百陸拾壹把即捌拾叁碩叁斗稅叁拾陸畝叁釐壹毫零遞年輸糧外納剩銀於縣庫以備修葺田坐處下龔碧捌拾陸把門下秧地及魚塘共六拾把前洋兒拾柒把毛桃坳濟面叁拾陸把八畝頭拾壹把炭山陸拾把南龔碧拾柒把毛桃坳貳拾捌把茶園上分叁拾壹把岩頭倉基及塘兒共肆

把水碓內合壹把離坵陸拾貳把濟商段內合拾貳把三坑三十兒捌把三過兒陸把三坑屋后伍把排兒新田貳貳把茶園下分叁拾壹把嶺根礱貳拾把朝前拾把庵嶺尾叁把墓塆貳把水碓內合壹把共計鄉租肆百陸拾壹把年久無稽同治七年知縣呂懋榮查案清釐據其後裔生員吳君榮稟稱前因耿逆蹂躪民多流亡其田大半荒蕪後查有處下礱炭山際商等段田畝費工開墾計得鄉租壹百叁拾陸把請仍歸入　文廟作爲歲修以繼先人之志並據職員季斌捐入大濟村土名雙關礱田租陸拾把共租壹百玖拾陸把以備修葺均經呂前縣通詳立案諭董將田餉佃具領完納收儲照章辦理

隆慶四年邑人吳安慶入所買寺田貳拾捌碩叁斗已田捌碩壹斗五升俱屬九都陳龍溪計稅壹拾畝遞年輸納外餘供月課茶餅等費年久無稽詳列備查門前埠頭

二坵五斗中坂卽門前六坵玖斗處下門前稅地七坵叁石五斗塘園桑坵倉基及糞房四坵壹石二斗山塢卽門前上半一十玖坵壹石捌斗半溪亭九坵貳石五斗處下田一坵壹石半山扁十四坵壹石叁斗楓樹後卽雙溪口五坵五斗五升竹林下卽黃泥坵三坵壹石門前竹林下九坵柒斗五升門前壟內二十一坵壹石四斗雙溪口龍井抗二坵貳斗沙糖崙四坵壹石七斗半溪柴鋪一十坵壹石叁斗攤子坑中半分五坵貳斗陂後嶺三坵柒斗若洋坑七坵貳石金家門前卽黃泥坵一坵陸斗五升雙溪口捌坵五斗五升雙溪口卽門前三坵五斗高漈十四坵五斗田邊十六坵壹石五斗油皂樹下八坵貳石貳斗雙溪口柒坵壹斗金判埠頭十坵壹石柒斗柴鋪十坵壹石貳斗徐岡底二坵壹石貳斗下岱掘貳坵五斗石臼岱坳四坵捌斗五升月坳九坵六斗月坳九坵肆斗田邊七坵五斗魚膠共十三坵壹石

萬歷五年邑人周時冕入所買十一都三圖槐源寺田

貳百肆拾壹碩陸斗除先年山崩荒蕪外實租貳百貳拾柒碩陸斗稅壹頃捌畝叁分玖釐原貯竹口公館爲本學濟貧月課等費申請支給師姑塢郎處後山叁石中心塢貳石五斗外山叁石五斗高山前四石高底崗玖石柒斗降弓彎壹石五斗高畬龔五石勾楠柒石葽塘肆石高山際五斗鄭基岡貳石高坂碗郎烏木畬肆石玖斗高山突壹石高山十壹石麻竹塢叁石高山貳石旱塢叁石東心塢肆石五斗烏木畬肆石五斗處隨貳石高山下貳石五斗凹下貳石五斗凹岡叁石東庄五石五斗十五墪五石五斗高山叁石高際郎壇腰壹石五斗坳垢叁石東庄五石中心塢五石五斗新嶺頭壹石畬畬彎壹石十五墪陸石五斗高坑壹石高坑陸石坑長貳石麻川塢叁石勾楠柒石勾楠下郎高畬龔陸石麻昌塢肆石師姑塢壹石五斗壇衕五石五斗麻塢叁石麻車塢坤貳石五斗麻葛塢尾坳貳石

鄭塢岡壹石五斗壇頭嶺處前壹碩五斗東心塢貳
石高山嶺邊捌斗高山漈下壹石又肆石直坂兒貳
石麻竹塢陸石五斗高樹上柒石處前柒斗燒香崗
肆石僚隨岡叄石鶴鳥垯五斗下庄叄石五斗東庄
後五石李七塢五石處隨叄石五斗苦株
樹壹石處前壹石東庄卽坳後五石五斗

萬歷三十六年邑人王繼滔入所買吳實上漈民田肆拾碩稅壹拾五畝零遞年除輸粮外餘入本學以備修葺

横塢低二段壹拾陸石横塢口壹石五斗楠樹下壹石五斗麻車塢壹石五斗梅樹口貳石五斗葉塢處壇壹石五斗葉塢横礱五石嶺上叄石五斗歸坂貳石橋頭貳石五斗瓦窑垭貳石五斗

書院

松源書院在西隅興賢坊舊爲府舘荒頹幾廢明知縣沈維龍以地僻肄業爲最幽命義民吳詔修

理額曰松源書院久廢

對峰書院在豐門山外文廟之左乾隆七年知縣鄒儒建又以公牘上郡守鄭東里撥天寧廢寺田一頃八十畝復買民田壹百陸拾五把爲諸生膏火之資五十年知縣王恒移建四都賣田并買民屋入官塘圍一所仍額曰松源書院記見藝文今兩院俱廢二址均墾作田嘉慶十七年知縣鳴山以明倫堂前道義門舊屋加造兩廊改爲松源書院堂懸陶淑羣英匾額二十三年知縣譚正坤以入官銀兩置買民田柒拾把佐諸生膏火碑豎明倫堂側記見藝文道光四年下管吳通金等捐田貳拾把土名平嶺頭計大小肆坵坐稅一畝六分爲書院膏火之需

育英莊城隍廟右康熙三年知縣程維伊建中祀文昌帝君堂前臨水架屋三楹後建樓一所上豎剔除鹽害碑下爲守莊者居焉每月朔望集邑弟子員課藝於其中童子亦得與試講學不倦如明道先生

故事復念慶士寒微資斧維艱往科多有不得入闈者捐俸買羅貴祠后田街尾塘園一所稅壹畝貳分又買吳攀桂東門外大坂洋亭兒下大租肆拾把文昌閣洋山口大租叄拾把計稅陸畝叄分遞年擇長厚者收貯本莊除祀文昌完粮外每逢科舉年算積餘羨若干槩給文士佐省試會試路費按人均分人士感激奕世不替云

儲英莊 城北程公橋首康熙九年知縣程維伊捐水俸買葉馥然五都坂輿橋頭大租肆拾肆把朱村湖大租貳拾陸把翁處下大租貳拾把周塢大租貳拾把馱坑大租貳拾把門前秧地叄把墓亭菴段內大租陸把山后大租壹拾把四畝頭大租陸把針工大租壹拾五把共計大租貳百把計稅壹拾陸畝遞年擇長厚者收貯除完糧外所有餘羨每科給文士佐省試會試資斧按人均分一如育英莊例後人附祀張公學書於育英莊祀程公於儲英莊今莊廢址存迎主合祀於育英莊之右而兩莊之田亦合收焉

後因年久弊生嘉慶十九年知縣呂璜按籍召佃釐清田段租額更定規條併捐廉壹百兩置買田五十把土名田塝下及三級埠坐稅肆畝五分添入育儲二庄爲士子賓興費因爲刊勒碑記令將詳府條册並田段租額附後記見藝文

一莊內田畝每年冬成收乾租叁百玖拾大把佃戶擔運縣倉內五都朱村共租貳百把離城較遠運食時官給脚價錢每把柒文永不增減

一每年三月初九暨冬至日祀張程兩前縣每祭禮書請給銀叁兩備辦祭品品有常數必誠必潔屆期本縣拈香主祭科試壹等生員爲首事亦與祭焉禮成飲福

一每年上倉租穀至次春按二月中旬報價易紋銀貯庫逢鄉試之年赴試各生自詣儒學報明姓名至六月初十日爲正彙總移縣縣中將三年所積租銀提出拾兩留給鄉試武生餘銀按人數多寡均勻派分用庫平彈准固封標記各生到縣具領本縣親自按名給發勿假手胥吏致有剋扣

一各生有領銀而不進場者除丁憂病故不追外其

有藉稱中途患病半路阻風因事羈遲不及入闈者均應追繳貯庫并入下科應用各生俱宜自愛慎勿含混自冒取追之累

一諸生有遷居他郡他邑以及捐監入場者一概不准給領以示區別

一武生路費先期報學移縣派給悉照文生之例如無武生進場所存銀兩仍并入下科租息匀攤應用

一拔貢生有赴　朝考者每科於租息提給武生路費外再抽銀拾兩存俟選拔之年以資北上路費其文武生有中式舉人進京會試者酌給租息壹年以助北上由縣中先行墊發來春易價歸款此係詳內所未議及今因諸生乞請而補載於此

一慶邑離省窵遠路費較多統計叁年租息爲數尚屬無幾本縣現存庫平紋銀壹百兩寄交明經姚涵之手托俟冬成置買田畝附入莊內以爲之倡所望好義者源源捐助俾得經費裕如人才日盛則幸矣

一佃戶姓名田租坐落均已造册詳　府有案今并附列於后以垂久遠

一段土名蔡處下大小三坵計乾租壹拾捌大把

一段土名馱坑壪九坵租貳拾

把又橋頭墩念肆坵租六把又中央淤一坵租肆把計三段共乾租叁拾大把一段土名燕佃坵租捌把又土名四畝頭一坵租肆把二段共計乾租壹拾貳大把一段土名直工大小九坵計乾租壹拾陸大把一段土名山后一大坵計租九把又土名沙坵一小坵計租叁把二共乾租壹拾貳大把一段土名朱村湖共三坵計乾租貳拾陸大把一段土名坂興橋頭大小一十二坵計乾租陸拾五大把一段土名溪傍洋大小三坵計乾租叁拾大把一段土名鉄爐坵計二坵又土名豬足坵計一坵共計乾租肆拾大把一段小濟土名樟樹下一坵計乾拾五大把一段土名平坂洋大小八坵租二十五把又土名柿樹四大小二十坵租二十五把二段共乾租五十大把一段土名鐵爐坵一坵計乾租肆拾大把一段土名黃拗頭大小共計五坵又土名洋山口大小二坵共計乾租壹拾五大把一段土名久塢大小拾坵計乾租貳拾壹大把以上共額租叁百九拾大把正又前縣呂璜增置大坂洋土名墻擲下一坵租貳拾把又三級埠

一坵租叁拾把共計乾租五拾大把又嘉慶二十五年知縣孫榮績將二都王泉廢庵田租斷歸入育儲二英庄爲士子賓興之資　一段土名洋上計二坵折縣秤租柒把陸斗一段土名庵門墻圍內田七坵又土名庵基田貳坵又土名五大保嶺上一小坵又嶺尾一小坵又土名道門墈二小坵共五段折縣秤租柒把五斗半一段土名椿杵嶺邊大小五十六坵折縣秤租玖把半一段土名湖垃坵大小坵折縣秤租壹拾壹把一段土名尾窑垃大小三坵折縣秤租貳把半一段土名西坑屋基塘頭大小五坵折縣秤壹把一段土名茶林根又名和尚坵折縣秤壹把半一段土名半山段內合租折縣秤壹把一段土名蛟上段內合租折縣秤貳把半一段處下墈等段段內合租折縣秤壹把以上各段共計乾租叁拾柒把坐稅五畝壹分叁釐

儲賢莊在竹口知縣程維伊建

義學

桂香社學 縣東上倉知縣勞銘發率邑人吳鍾捐建未竣續知縣沈維龍命工完之明萬歷二十七年邑人葉桂重建今廢

儒效社學 縣東隅明嘉靖邑人葉楷以己地捐建燬於寇楷復建今久廢

興賢社學 縣西大平橋東久廢

濟川社學 下倉明萬歷元年里人吳尚敏捐資貿建今廢 道光六年復建

神童社學 九都竹口久廢

射圃 明萬歷五年知縣沈維龍議建瀆田舊學址因瀆田址為演武場議未定萬歷三十一年知縣沈立敬勘擇北門外角門嶺田前後臨溪地勢寬平上請以瀆田演武場地給帖與邑人姚文焰對便角門嶺

丑爲演武場立射圃於右士子習射稱便四十六年
學道蔡按查詳覆崇正十四年知縣楊芝瑞改建演
武場于咏歸橋下附建射圃於演武場
東以角門田仍開墾入大平樓爲祭田

續捐育英儲英二莊田記

教諭　沈鏡源

慶邑處萬山中離省會神京窎遠凡士子赴鄉會試者備嘗險阻往往艱於資斧前邑侯張程公倡設育英儲英二莊清田租入切培育人才之計以儲

國家登崇俊良之選意已深遠奈日久廢弛所入多被書吏侵漁以致寒士裹足不前科第寥寥良可慨也嘉慶癸酉歲邑侯呂公承郡守涂瀹莊先生命經理公費以垂久遠爰按籍稽查履畝計稅得其租乾把凡三百有九十去納課輓輸祀神費外每歲餘金勸為成書藏之

官司復捐冰俸增置田租五十把嘉慶庚辰孫邑侯斷歸田租叁十七把計三載所入較前稍爲充裕今國學吳君墉捐入田租二十二把茂才吳君恒晶又捐入田租五十把呈縣備案以助公費二君之舉實足嘉惠士林心竊嘉之且卜其詩書裕後必有昌大其門者吾知善行既興人文亦振將自此賦鹿鳴宴瓊林者接踵而起步武前賢其澤孔長亦衆善士之功有足多焉余目覩盛事爰樂爲之記併爲之增議規條謹列於左道光壬辰

國學吳墉願將所買八都下吳村土名街下段內田租二十二把坐稅一畝九分八厘入育儲二莊以濟

賓興之費　庠生吳恒晶願將所買南門外猫衙底土名犁尾垅田租四十把又柿兒村土名廟門處角頭段內田租十把共五十把坐稅四畝五分入育儲二莊以添賓興之費

以上育英儲英二莊共計實收大租五百肆拾九把乾每年按照　吕主詳憲規條二月中旬報價易紋貯庫以待科舉之年總算給發毋庸更議

一是銀於六月初十日赴學報名公集核筭三年租入積銀若干　恩科減半由學移縣支領每名各先給銀三兩以帮路費餘銀包封交科試一等中誠實者二人攜帶至省俟三場畢後按名派給

一凡有在省生理或因官司未經報名鄉試順便進場者不准派給

一或有進頭場後實在患病不能終場及錯誤被貼者准其派給若故意推托不入不准支領

一是銀議於八月十六畢塲後次日齊集公所照數派領分者不得遲延領者不准先支以昭公平
一帶銀舉子其難其慎如有遺失自應賠償公議另抽洋拾元以酬賫帶勞費不得逾數
一藩庫給發科舉銀兩務須邀齊各生一同協斗面領分散不得冒銷私領

以上數欵皆　吕主條規所未及今恐積久弊生因復公集議定願有志青雲者各自重自愛毋蹈前轍以不負捐助者之美意而垂永久是所深望焉時在道光壬辰冬至前三日記

續增育英儲英二莊章程

一援貢於每科抽銀十兩彙存候選拔年給爲北上路費至鄉試近年每以援貢已得抽銀不准與分又府學生員亦以另有府學賓興不准再分不知援貢所得抽銀原資北上不與鄉試相涉府學生員雖撥入上庠究竟住居本縣並非寄居他邑者比未與分給難昭平允茲議嗣後兩項應試之生一體均分以免向隅

一莊內田畝向有胥吏假冒佃名耕種易滋弊端茲立簿冊更換新領凡屬胥吏不准冒名領種

一前列生員携帶賓興銀兩向例先抽洋拾元爲酬勞費後因洋價昂貴止抽貳元殊未盡一又送考門斗向抽路費約照應試生派分一股間有參差亦未畫一茲議嗣後二項悉照應試生所得之數各分一股永爲定例

續撥賓興田畝

新窪庄吳慶旺係廣東人乾隆年間到慶元置買木城下硤外土名苦柏林田畝後因乏嗣田無所歸同治元年知縣蔡炟派書清查召佃據佃人吳長奶赴案領種每年折繳租錢壹拾貳千文內除提給戶書辛資錢貳千餘撥充公七年知縣呂懋榮將前項租錢撥入育儲莊賓興租內即以七年爲始由原書收繳儲庫存候一併給發以垂久遠卷存戶禮二房

續置松源書院田租記

知縣　呂懋榮

慶邑松源書院建於前明沈公維龍其廢也不知何時
國朝乾隆間鄒公儒復建於
文廟之左撥天甯廢寺田壹頃捌拾畝置民租壹百陸拾伍把生童始有膏火資厥後水患叠發田半荒淤譚公正坤又增置糧田柒拾把用稍裕丙寅秋余權篆是邑於講學觀風之際思有以廓充之因詢於舊令尹洞庭蔡君烜君曰此余之志而未竟其事者也君之問士之幸也遂出上詳案牘並各寺庵田租册籍以示余余毅

然任之悉心攷覈酌田租多寡統以十分之一歸入書院得租貳仟貳百肆拾陸把零將田段土名佃戶租數逐一訪查明確登諸印簿前規有未盡善者畧加增損舉公正院董二人司其事年終造册報銷尤望後之宰是邑者留心稽察加意栽培是則予之厚幸焉同治戊辰仲夏記

一課試生童每年定於二月初旬甄别先期曉示城鄉以便遠鄉士子來城應試此外以每月初二爲官課十六爲師課如各生童未與甄别者准其隨課附考至十二月停課

一甄别及官課因書院不便即在縣署扃門面試每課一文一詩評定甲乙生員分超特壹三等童生

分上中次三取課給花紅視文理優劣酌定多寡每課約給穀陸拾把師課應從舊租內月給錢貳千文與新租無涉

一舊書院田租本不敷完糧等用今復將竹口季應煜田段歸入新租舊書院更形短絀現定每年新租內撥還錢貳拾肆千以符舊數

一生童課卷除甄別由禮書備辦其餘月課卷均令自備先期一日投送以便臨時點名禮書每年酌給紙張錢陸千文

一月課試卷舊章係延請正副兩學各閱半年今加撥田租每學酌加脩金拾貳千文分上下半年致送

一新撥田租計數有貳千貳百肆拾陸把陸斗水爲數較多事在創始必經理得宜庶日久不致有名無實茲選公正紳士兩人作爲院董每年各給酬勞錢拾貳千文

一新撥院租田段土名坐落佃戶姓名租數及收租糶穀完糧膏火各項業給印簿二本着董事分晰

登記年終送縣核銷以杜侵吞蒙混
一冬成收租院董須親歷各鄉照簿如數收納不可
假手他人如遠鄉租穀不便運城折收錢文悉照
市價毋得偏徇低昂
一佃戶如有抗租不完須一面稟縣押追一面即行
易佃不可因循如有病故亦即另佃各取具領狀
送縣存案
一院董赴鄉收租所有轎飯及收穀工資伙食均酌
量時日核實報銷不得虛冒聽事吏催租傳喚每
年酌賞錢貳千文
一統計租穀有貳千貳百肆拾陸把陸斗水雖豐年
穀價不同約計糶價可得錢肆百千左右每年除
開銷外計有盈餘此項交該董等謹慎存儲以三
年一總結置買良田則院業日增矣
一所收租穀及折價錢文該董等務須謹慎存儲不
准私自挪用亦不准移借他人以重公款
一此次新撥書院田租業經詳明各憲每年須由府
結報所有府禮房每年議給紙筆費洋拾貳員年

一終給付以資辦公

一前載章程僅據目前議定如日後院業增加自宜擴充應如何另議之處後之賢者當另設措不及預載

計開各庵寺撥入新書院田畝總額

一慈照寺撥租壹百把坐稅玖畝

一萬壽庵撥租貳百拾肆把坐稅拾玖畝貳分陸釐

一石龍山撥租壹百柒拾玖把坐稅拾陸畝壹分壹釐

一石龍寺撥租壹百伍拾貳把坐稅拾叁畝陸分捌釐

一天堂山撥租貳拾柒把坐稅貳畝肆分叁釐

一斷歸姚華恩新墾田租肆拾伍把

一拱瑞堂撥租壹百伍拾把坐稅拾叁畝伍分

一廣福寺撥租壹百零貳把坐稅玖畝壹分捌釐

一安禪寺撥租柒拾把坐稅陸畝叁分

一淨悟寺撥租壹百貳拾捌把坐稅拾壹畝貳分陸

一 吳承先便基租壹拾捌把坐稅壹畝陸分貳釐
一 烏峯庵撥租壹百拾柒把坐稅拾畝貳分陸釐
一 伏虎庵撥租壹百貳拾把坐稅拾貳畝
一 斷歸周承茂租陸把坐稅伍分肆釐
一 竹口舊書院租撥入肆拾伍碩
一 慈蓉庵撥租拾碩叁斗坐稅肆畝
一 大覺寺撥租陸碩坐稅貳畝
一 凈心寺撥租肆碩坐稅壹畝陸分
一 化成寺撥租伍碩坐稅貳畝
一 惠福堂撥租肆碩坐稅壹畝陸分
一 天眞寺撥租伍碩坐稅貳畝
一 梵安寺撥租伍碩坐稅貳畝
一 勝因寺撥租拾碩坐稅肆畝
一 覺林寺撥租伍碩坐稅貳畝
一 龍興庵撥租肆碩坐稅壹畝陸分
一 慈相寺撥租壹百拾把半坐稅玖畝玖分肆釐伍毫

一眞乘寺撥租壹百把坐稅玖畝

一莊嚴寺撥租貳百念肆把坐稅貳拾畝壹分陸釐

一光緒二年置買魏溪土名里塢礱并洋心二段共計大租四十一把坐稅三畝三分三釐

以上共撥入城鄉租壹千玖百零叁把半又北鄉租壹百零叁碩叁斗另給印簿貳本一存董事一存禮房

歸復卷田碑記

史恩緯

慶邑卷田之設始自前署縣彭君潤章以原充集善堂公用之山岱匪産撥爲歲科考文武童縣試并生員院試及觀風甄别卷資雖爲數無多實於應試寒儒不無小補嗣署縣汪君斌因嬰堂公産荒蕪經費支絀將是項歲租暫撥嬰堂作墾荒費俟甲戌歲試仍復卷資通禀立案余於丙子秋權篆斯邑查核檔案備知原委正擬照章歸復適據廪生藍世珍余茂林等禀以是産暫歸嬰堂墾荒年限已逾應仍歸作卷田並以載入志乘

爲請士林美舉實獲我心據情上陳當蒙批准爰將
各憲批示暨原禀續增各條欵額糧額租田段坐落逐
一飭董刊入縣志復勒碑於明倫堂側以垂久遠且以
成彭君創始美意後之官斯土者或更從而擴充之俾
士林廣被其澤是則慶邑人士之厚幸也夫光緒三年
丁丑四月既望

禀請將山岱匪産歸復卷田由奉

撫憲楊　批據禀仍請歸復卷資之用專屬可行應
責成該學認眞經理勿得有名無實亦不得再有異

議繳

藩憲衛 批據禀已悉繳

本府憲批此案已據該縣禀奉

藩憲批示到府另札飭遵矣仰即查照遵辦毋延繳

摺存

原禀條欵

一是項山嶴田産自此次通禀立案仍由嬰堂抽出作爲卷田後自丁丑年起無論何項善舉不得藉詞抽撥以免流弊

一所有應收田租從前本由禮書照收現作卷田似應仍舊第恐日久弊生或禀欠租或稱荒廢董向與考各童收取納卷錢文議將該田歸學經收並

飭各佃向學換立領約承種以資經理而專責成

一是田向收租錢陸拾仟文三年可收錢壹百捌拾仟文科歲兩試用欵須錢貳百仟文統計尚短錢貳拾仟文據廩生藍世珍等稟明隨時措足毋屆由縣向學提錢壹百千文分給禮卷兩書勿使賠累擬定將該欵移解到縣分給禮書陸拾肆仟卷書叁拾陸千以資辦考既經稟定不得短少

一禮卷兩書既有酌給辦考錢文禮書須將縣試並徃府送考各事小心承辦卷書須將正塲以至末覆應用試卷揀選潔白紙張刷印齊備交禮書散給毋許貽悞永遠不得向與考文武各童索取分文

一禮書徃府送考川資伙食一切郡中費用已在陸拾肆千之內不干與考者之事

一卷書應辦生員歲科兩院試卷並考觀風甄別各卷已在叁拾陸千之內卷書須照章備辦散給不許額外需索

一科歲兩試每屆印卷硃費錢伍千文仍由卷書備

一送不得增減亦與各考生無涉

一科歲兩試儒學向給禮書塡册錢肆千文准照舊章仍向領取

儒學續增條款

一是産原定租額極輕每年僅收折租錢伍拾玖仟零現在開墾多年田土漸肥已據各佃戶酌增租額赴學換領承佃三年統計可得租錢錢貳百壹拾千零歲科兩試給發辦卷經承及辦考禮書經費錢貳百千文尚餘錢拾餘千應作爲每年完糧之用並酌給學書一名門斗二名催租飯食錢各壹千文出入相衡足資敷衍所有原稟不敷卷資錢貳拾千文由各稟生設法措足一條應毋庸議

一歸復卷田原稟以丁丑年爲始本年值辦丁丑歲試冬租未收憑何支給另議更張諸多未便業已由縣另籌錢壹百千文轉給備辦從此有上屆之租錢作下屆之用款辦理不虞掣肘如或藉口墊

一辦向考生别有需索由衆廪生稟究各産向係折租今仍其舊以歸簡便各佃戸完租之期統限冬至前後五日内清繳如有抗延移縣比追務令按年清償不准絲毫蒂欠收齊之後一概易换洋銀固封存儲或交在城殷實廪生須存届期提用無論公私緊要概不准遞融挪移以杜侵蝕之漸倘遇任卸之期卽將是案全卷以及田册租約專案移交以免散失

一應完錢糧向在慶衆田戸完納現自移學經管後改慶衆田爲卷田戸循名覈實較爲的當每年收租之后卽將上下忙錢糧赴櫃清完掣串附卷

卷田額糧

一卷田戸每年實完上下忙錢粮銀二錢一分六釐遇閏年加銀九釐五毫

卷田額租田叚坐落

一五都祝家洋土名五大段大小三十三坵計乘弓口一千零六十九步六分折稅三畝一分一厘九毫六絲二忽每年折完租錢五千七百六十文
沈可鈞承種

一四都横欄土名稹地頭及横欄衕并紅鼻頭及下衕四段大小十一坵計乘弓口二百九十六步三分折稅八分六厘三毫八絲每年折完租錢二千三百零四文
沈可雲承種

一四都横欄土名路后彎大小十三坵計乘弓口八十六步折稅二分五厘一毫○又四都鳥任土名黄田及坵下二段大小三十二坵計乘弓口五百九十一步折稅一畝六分八厘四毫○又四都漈上土名樟樹下大小三坵計乘弓口三百二十三步折稅九分四厘二毫○又四都漈上土名塘抵郎焦坑洋一坵計乘弓口二百二十五步折稅六分五厘六毫二絲五忽○以上五段每年折完租錢五千四百文
葉維盛承種

一五都九漈上名踏步下大小二坵計乘弓口六十

七步七分折稅四分八厘三毫每年折完租錢六百七十二文　沈吉桂承種

一　五都九際土名外處坳一坵計乘弓口六十六步六分折稅一分八厘七毫五絲每年折完租錢四百二十文　沈增邦承種

一　五都九際土名倉頭一坵計乘弓口六十六步六分折稅一分八厘七毫五絲每年折完租錢四百二十文　沈道餘承種

一　五都猪背坑后土名仰鳥墩大小十四坵計乘弓口八百九十六步三分折稅二畝六分一厘四毫段內四股合一每年折完租錢一千四百四十文　周詩美承種

一　五都魏溪土名里塢礱大小十三坵計乘弓口五百二十九步二分折稅一畝五分四厘三毫〇又五都魏溪土名張宅門一大坵計乘弓口一百四十二步三分折稅四分一厘七毫九絲〇以上二段每年折完租錢三千六百文　沈可根承種

一　四都上庄土名碓后大小三坵計乘弓口一百七

十九步七分折稅五分二厘四毫一絲二忽每年
折完租錢一千零八十文　周新基承種
一四都泰烏嶺尾土名新田大小五坵計乘弓口六
百二十六步九分折稅一畝八分二厘七毫八絲
四忽每年折完租錢一千五百六十文　周思渭
承種
一九都大松坑土名下段大小二十四坵計乘弓口
八百四十八步五分折稅一畝七分六厘七毫五
絲每年折完租錢三千六百文　朱世堂承種
一五都上源土名楓樹淤屋下大小二十二坵計乘
弓口六百三十三步九分折稅一畝八分四厘八
毫八絲七忽〇又五都上源土名繈被塢郎芭蕉
坑大小三十四坵計乘弓口六百九十八步七分
折稅一畝一分六厘二毫八絲四忽〇以上二段
每年折完租錢五千五百二十文　葉上盛承種
一四都東邊洋土名屋后田大小七坵計乘弓口九
百零八步折稅二畝八分六厘零九絲〇又九都
三仙土名藤坵郎柿樹坵大小九坵計乘弓口一

千零十四步六分折稅三畝一分九厘二毫七絲○又九都三岱土名石貝坑二段大小四坵計乘弓口一百二十五步折稅三分六厘四毫○又九都三岱土名墈后大小三坵計乘弓口五十六步折稅一分六厘五毫二絲○又九都三岱土名內壪大小七坵計乘弓口三百零五步折稅八分九厘四絲○又九都三岱土名尾定崗大小五坵計乘弓口二百十五步四分折稅六分二厘七毫九絲○又九都三岱土名崗沿大小十五坵計乘弓口六百七十八步折稅二畝六分七厘七毫五絲○又九都三岱土名處后岡大小八坵計乘弓口四百二十七步三分折稅一畝七分七厘六毫○又九都三岱土名處后岡大小四坵計乘弓口二百四十八步五分折稅七分二厘四毫○又九都三岱土名清明田大小九坵計乘弓口二百零七步八分折稅五分七厘○又九都三岱土名凸頭二段大小四坵計乘弓口三百六十八步二分折稅一畝七厘六毫六絲○又九都三岱土名處下

崗大小十三坵計乘弓口七百零七步六分折稅二畝一分一厘八毫〇又九都三岱土名虎后墩大小二十二坵計乘弓口三百四十一步一分折稅九分九厘四毫七絲〇又九都三岱土名牛厄坵及荒田二段大小十一坵計乘弓口五百六十六步四分折稅一畝六分五厘二毫〇又九都三岱土名旱田大小十三坵計乘弓口三百八十五步段內三股合二計弓口二百五十六步八分折稅七分五厘三毫二忽〇又九都三岱土名田螺口大小十一坵計乘弓口四百五十二步段內五股合二計弓口一百八十步八分折稅五分四毫〇又九都三岱土名小欄培大小二坵計乘弓口二百九十四步七分折稅八分五厘八毫九絲〇又九都三岱土名烏連糯大小七坵計乘弓口三百七十一步九分折稅一畝八厘四毫九絲〇又九都三岱土名旱田大小六坵計乘弓口九十五步四分折稅二分七厘七毫九絲〇又九都三岱土名松樹墩大小八坵計乘弓口五百零二步二

分折税一畝四分六厘四毫。又九都三岱岙土名三岱龔大小九坵計乘弓口五百六十一步七分折税一畝六分三厘八毫。又九都三岱岙土名亭后三段大小十四坵計乘弓口四百十四步折税一畝二分七厘。又九都新岱灣土名墨烟廠大小四坵計乘弓口一百二十一步五分折税三分五厘四毫二絲。又九都三岱岙土名新岱灣大小六坵計乘弓口二百三十八步五分折税七分六厘一毫。又九都三岱岙土名新岱灣大小四坵計乘弓口二百八十一步九分折税八分一厘九毫。又九都三岱岙土名新岱灣二段大小四十坵計乘弓口一千二百八十九步五分折税三畝七分六厘一毫。又九都三岱岙土名雙坑口三段大小十二坵計乘弓口三百十一步七分折税九分八毫六絲。又九都三岱岙土名碓頭二段大小十九坵計乘弓口二百六十三步八分折税七分六厘九毫。又九都三岱岙土名碓頭一坵計乘弓口六十步折税一分七厘五毫。又五都九漈土

名岩下及底坑邊二段大小四坵計乘弓口一百十二步折稅三分七厘八毫七絲〇以上四十段每年折完租錢三十四千三百二十文　姚監椽承種

一九都三岱龍土名中塝大小十九坵計乘弓口六百六十二步六分折稅一畝九分三厘二毫每年折完租錢二千四百文　吳達欽承種

一沈乃海捐九都陳龍溪土名烏涉潭棺材寮及樹坵三段大小十坵計乘弓口九百三十一步折稅一畝九分三厘八毫三絲〇又沈乃海捐九都陳龍溪土名新地并新田及碓后三段大小六坵計乘弓口三百六十三步三分折稅七分五厘五毫以上六段每年折完租錢二千八百五十文　周德新承種

以上每年通共折完租錢柒拾壹千叁百肆拾陸文

慶元縣志卷之五

知慶元縣事林步瀛史恩緯重修

禋祀志

壇壝　廟祠　冢墓

禮有五經莫重於祭先聖前賢教垂萬世山川社稷養奠一方與夫建功樹德之往哲以及捍災禦患之英靈並宜詳稽典故以昭肹蠁至施敬施哀俱資觀感周禮墓大夫隸春官雖非祀事亦是禮事故得以禮爲系而附諸其後志禋祀

壇壝

有人民斯有社稷𤅢沉血祭之祀振古如兹矣我

朝設耕耤以祀先農載諸會典他如一都一里樹之木以爲田主例無可書概不濫入

社稷壇　雲龍門外半里許歲以春秋二仲上戊日陳主而祭右社左稷題主曰縣社縣稷之神各用幣一羊一豕一爵三登一鉶二簠二簋二籩四豆四幣色用黑無樂祭畢藏主於城隍廟

風雲雷雨山川壇　濟川門外一里歲以春秋二仲上巳日陳主而祭中爲風雲雷雨左山川右城隍用幣七色白牲視社稷加二之一爵與鉶登簠簋籩豆亦如之無樂藏主亦同

先農壇　豐山門外雍正七年邑令李廷栄奉文置買耤田壇基共六畝九分照式建造正房三間奉先農神主中厲山氏左炎帝神農氏右后稷氏配房二間擡門一座中築壇高二尺一寸周方二丈五尺每年季春亥日致祭用羊一豕一爵三帛三

鉶一簠簋各二籩豆各四祭畢行耕耤禮知縣秉耒凡九推典史執青箱播種農夫終畝歲以耕穫所入易價備祭嘉慶二年知縣魏夔龍詳請重修十六年知縣鳴山復詳請修

邑厲壇　北郊外一里歲以清明中元十月朔致祭先期二日告於城隍至期導城隍於壇無祀鬼神位列壇下用羊三豕三果蔬各四米三石蒸飯祭畢給散孤貧

廟祠

凡廟祠宜止依載在祀典者錄入然亦有名宦

鄉賢旣祀學宮之右而復別立專祠者有子孫家此建爲一姓宗祠者俱屬務本相應附入至有祈年報賽崇奉香火相沿已久去之反嫌駭俗今採其祀之近於正者列之亦神道設教之意耳

先師廟規制詳學校志歲以春秋二仲月上丁日脩其祀事

正位祭器坐爵三獻爵三登一鉶二簠簋各二籩豆各十俎三篚一祝版雲雷罇帛香鼎小香爐各一大花瓶大小灼臺各二祭物用犢一羊一豕一

太羹一和羹二黍稷稻粱形鹽槀魚鹿脯棗栗榛菱芡黑餅白餅韭葅醓醢芹葅鹿醢菁葅兎醢笋葅魚醢脾析豚拍　配位祭器東西各用坐爵二獻爵三簠二簋二籩八豆八牲盤二篚一壺罇配哲共一帛二祭物東西各用羊一豕一和羹二黍二稻二形鹽槀魚鹿脯棗栗榛菱芡韭葅醓醢芹葅鹿醢菁葅兎醢笋葅魚醢　哲位祭器東西各用坐爵六獻爵三鉶六簠一簋一籩八豆八牲盤二篚一帛每位各一祭物東西各用羊一豕一黍

一稻一餘同配位　兩廡祭器東西共坐爵一百二十九各獻爵三中壇各簠一簋一籩四豆四牲盤二壺罇一帛一　邊壇每壇籩三豆三帛一　祭物東西各羊三豕三中壇黍稻棗栗形鹽鹿脯韭菹醓醢芹菹魚醢各邊壇減黍稻栗魚醢餘並同中壇

崇聖祠規制見學校志歲以春秋二仲上丁日致祭正位祭器坐爵五獻爵三鉶五簠簋各二籩豆各八牲盤二篚祝版尊帛各一祭物羊一豕一和羹五餘同

先師正位省黑餅白餅脾肵豚胉　配位祭器東西各坐爵二獻爵三餘同兩廡祭物東西各羊一豕一和羹一黍稻形鹽鹿脯稾魚棗韮菹醓醢芹菹兎醢　從祀祭器坐爵東三西二獻爵各三簠簋各一籩豆各三牲盤各二帛各一祭物東西各羊一豕一和羹一黍稻形鹽稾魚韮菹菁菹

各宦祠位次詳學校志祭用春秋二仲上丁日祭儀羊一豕一籩豆各四祭文惟神昔蒞茲土區畫周詳匡彼民社德澤無疆令茲仲春秋謹以牲醴潔情告將伺饗

鄉賢祠位次詳學校志祭儀同名宦祠祭文惟神毓秀松源名高山斗爲國之楨流徽不朽尚饗

儒學土地祠詳學校志祭儀同鄉賢祠

忠義孝友祠在學宮左雍正五年知縣李飛鯤奉文捐建安牌位於祠左歲春秋二仲上丁日致祭以忠節祀者三人宋吳競吳樞明吳南明以尚義祀者九人明葉仲儀吳彥恭周公泰吳克禮葉荷吳叔寅吳沛吳道揆

國朝吳昌興同治四年奉文祀忠義一人前嚴州協千

總吳廷標子吳自郃以孝友祀者四人明楊泮葉
儼吳相季叔明。右祠同治七年前署縣呂懋榮重修
武廟告成分爲兩祠查舊志載奉文建今仍其舊而以
分祠處所並奉祀者列後　孝友祠仍在學宮左
祀明楊泮葉儼吳相季叔明四人并以舊志未奉
文入祀者明吳儒姚玫
國朝季煒蔡文華吳之英吳來聘六人附列焉　忠義
祠改立
武廟頭門內左廳祀宋吳兢吳樞明吳南明葉仲儀吳
彥恭周公泰吳克禮葉荷吳叔寅吳沭吳道揆
國朝吳昌輿及同治四年奉祀忠義之吳廷標吳自郃
共十四人并以舊志未奉文入祀者元葉國英姚
彥安明王繼滔
國朝吳詔功吳壽男余槐姚鸞吳宗賢葉邦馨姚國周
增松吳義枚十二人暨咸豐戊午粵逆犯境同治
戊辰山岱齋匪滋事陣亡被難諸人　悉附列焉

節孝祠舊在學宫右　雍正五年知縣李飛鯤奉文建立坊門外凡邑内節婦貞女題旌者咸祀之歲春秋上丁後一日致祭姓氏備詳閨操不復臚列嘉慶十年議叙州判姚鸞移遷衙後有記詳見藝文咸豐四年知縣李家鵬將已故節孝貞烈婦女奉旌入祀者總立一牌位送祠致祭六年姚鸞孫貢生姚冠全姪捐貲重修復捐田租十八把以爲春秋致祭並脩整之需一段三都下塢廟門土名大路下租陸把一段周墩土名樟樹下塊園租三把一段古樓廟狐狸壇租九把

文昌廟豐山門外咸豐七年奉文升入中祀歲二月初三及春秋二仲擇日致祭牲用太牢十三年知縣何福恩率董重修並建兩廊頭門祭文維神道闡苞符性敦孝友並行並育德侔天地以同流乃聖乃神教炳日星而大顯仰鑒觀之有赫示明德之維馨茲當仲春秋用昭時享惟祈歆格允鑒精虔祝文維神功參彖籥撰合乾坤溯誕降之靈辰三台紀瑞度中和之合節九宇承暉若日月之有光明闡大文於孝友如天地無不覆載感至治於馨香爰舉上

儀敬陳芳薦精禋罔斁神鑒式臨

樂章

迎神　丕平

秉氣兮靈躔翊文運兮赫中天蜿旌兮戾止雕俎兮告虔迓神庥兮於萬斯年

初獻　俶平

神之來兮籩簋式陳　神之格兮几筵式親極昭彰兮靈貺致蠲潔兮明禋升歆兮伊始居歆兮佑我人民

亞獻　煥平

再酌兮瑤觴燦爛兮庭燎之光申虔禱兮　神座儼陟降兮　帝旁粢醴潔兮齋遨將綏景運兮靈長

終獻　煜平

禮成三獻兮樂章三終覃敷元化兮繄　神功馨香達兮肸蠁通歆明兮昭察寅衷

徹饌　懿平

備物兮維時告徹兮終禮儀　神悅懌兮鑒在茲垂
鴻佑兮累洽重熙

送神　蔚平

雲軿駕兮風旂招　神之歸兮路遥瞻翠葆兮企丹
霄願迴靈眷兮福我朝

望燎　蔚平

烟熅降兮元氣和　神光燭兮梓潼之阿化成耆定
兮橐弓戢戈文治光兮受福則那

關帝廟豐山門內舊在縣治後順治五年燬六年駐防遊
擊董永義重建康熙四年知縣程維伊捐俸買五
都民田大租壹百伍拾肆把計稅壹拾叁畝陸分
伍釐伍毫永奉香燈竹野井頭肆拾陸把余村官侖後劉姓段內合租壹拾壹
把朱村土名方坵劉姓段內合租壹拾陸把道堂
下壹拾伍把下毛壋壹拾肆把五過壹拾叁把橫

棟門下貳拾肆把上源衙口九把埠頭兒陸把雍正三年更定歲五月十三及春秋仲月擇日致祭牲用大牢五年追封三世爲公爵曾祖光昭公祖裕昌公父成忠公祀於後殿九年知縣徐義麟遷建豐山門內乾隆四年知縣萎世賢重建後殿四十七年知縣王恒奉文重修增建兩廡乾隆六十年知縣魏夔龍重修嘉慶十六年知縣嗚山重修同治六年知縣呂懋榮重修並改建頭儀門添造兩廊工竣復將舊存田祖壹百伍拾肆把清釐除給廟祝口食油燈外餘

爲歲修之資諭董收儲辦理同治八年知縣劉濬

重修后殿

一在竹口公館之左康熙九年知縣程維伊建

一在十一都上源村

城隍廟豐山門外洪武十六年知縣董大本建康熙二年

知縣髙嶙重建記見藝文乾隆四十一年知縣董肇緇

重修道光三年知縣樂韶命邑人吳起元捐修歲

春秋仲上丁後一日合祭於山川壇清明中元十

月朔日主祭於邑厲壇知縣蒞任考績及水旱祈

禱皆特設祭同治五年知縣蔡烜重修

縣土地祠縣儀門左嘉靖二十九年知縣邢夢珂始用祭祭期與山川壇同日用羊一豕一菓五祭文惟神職司陰令黜理化機休咎庶徵是省是祈某承乏之茲土奉神弗違茲當仲春秋用申祭告尚饗

福德祠縣儀門內左光緒二年知縣林步瀛重建

拱瑞堂縣北二里文筆山下祀五顯神原廟在蕉竹邑人何文魁吳標請建於此並捐置田產為住僧香燈口食順治五年僧明光重修道光二年知縣樂韶撥出田壹百柒拾貳把作育嬰堂經費給印簿二本以

垂永久祭期祭物如土地祠祭文維神鍾天之秀受地之靈能澤物産以祛民屯某奉承簡命蒞兹山城惟兹仲春秋敬潔明禋神靈如在永祐安甯尚饗同治六年知縣呂懋榮撥租壹百伍拾把充入書院膏火餘租叁百伍拾貳把選董經理遞年除廟祝口食香燈開銷外餘存修整照章辦理同治九年重修同治十三年於大門左石門洞上建造護障亭以肅觀瞻田坐麥衙鴨舖拾貳把東邊洋念伍把慈照寺門念貳把雙腰等段叁拾伍把砋鉢窪門肆拾柒把洋里坳等段拾捌把五都永南湖柴把準被山拾把蔡段外灣等段貳拾把蔡段黃衙等段叁拾伍把八都赤坑處后叁把拱瑞堂門等段玖拾肆把西山隘陸把坳下楓樹下陸

把馱坑壪拾貳把

按以上廟祠皆春秋致祭內如土地祠福德祠朔望行香其德高而能降旱而不踰此正神也五顯爲古祝融火神凡黙理化機陰禦災患無不響應邑人奉爲正祀亦仍從舊志列之於右

廟

眞武廟雲龍門外球山下明萬歷二年建按眞武爲古元冥水神慶民比戶繪像崇奉中堂以壓回祿香火尤盛

東嶽廟四都黃堂岡下元延祐二年建四年邑人吳廸吉重建明隆慶四年重修

嘉慶十三年重修道光十六年重建下堂

神農廟一 一在九都黄壇一在二都官塘道光壬寅年建

三官廟在石龍山 明天啟間知縣樊鑑建詩見藝文咸豐三年下堂回祿

續知縣李家鵬暨周李爕倡捐重建光緒二年重修後堂

元壇廟石龍山巔 知縣樊鑑建今廢址存歲旱禱雨於此

博濟廟二都去縣東四十里 宋紹興十二年建於三井龍潭上

廟祀龍神神勅封靈惠侯咸淳三年加封福昌侯歲旱禱雨屢應今廢

吳判府廟二都西洋 神姓吳生長慶地覡術通神嘗鞭蛟

遏水土人祀之同治七年山岱土匪滋事神屢顯

靈得迅速撲滅知縣劉濬以捍災禦患匾額表之
光緒元年士民捐貲重建大殿及上中下三堂戲
臺並兩廊
一在蓋竹曰靈顯廟宋咸淳元年建
一在周墩曰顯靈廟又名古樓廟道光乙酉年重修
馬眞仙廟四都坑西神五季時華亭人修煉於縣北之百
丈山丹成仙去詳見仙釋
梵公廟三都林後神二都人趙宋時於三都烏蜂山白日
飛昇鄉人祀之詳見仙釋

白將軍廟九都竹口神姓白爲吳越王將閩越僭號白將兵討之因開此地死後常有白氣出沒士人祀之

隆安廟在九都竹口明成化年間建祀五官神王嘉慶癸酉本里庠生許汝冠陳廷鈞蔡克元等將前許光彥捐入田租壹拾餘石收積重新建造廟後復建聽松書院規模宏廠嘉慶丁丑虎入村傷人知縣孫榮績致齋祈禱虎患遂息知縣鳴呂孫各獻匾額祝敬至今祈禱無不靈驗

藥王廟縣治東隅道光廿五年知縣程慶森捐資建造

護應馬氏眞人廟縣治東隅宋寶慶乙酉元年建至明間廢洪熙乙巳知縣羅仕勉重新廟宇宏治間廟門外圯祿廟內佛像如故邑人姚璉欲捐己資重建

奈有志未逮璉姪姚禝乃會社下捐建於正德丁丑工完立碑頌眞人之德而記之天啟辛酉又重建內外兩堂內爲馬氏行宮外懸無疆堂匾額歷年久遠兩堂傾頽嘉慶乙丑六班會首吊租貲修內堂道光己丑又行吊租並闔邑勸捐重新建造無疆堂暨內外兩廊又建內外兩戲臺左右兩小廳并及三大門門外復建土地祠因工程浩大延未告竣邑人以準提閣久廢現有寺田貳拾柒段共租五百叁拾柒把半坐稅肆拾伍畝叁分肆釐五毫議請撥入無疆堂並馬眞人廟遞年除中元追薦完糧外所餘租息以備兩堂修葺香燈之需道光十一年經首事公請如禀立案一段西門外嶼下岸土名雞地大租肆拾把一段北門外學后土名社壇大租拾肆把一段甚瑞堂㘭土名坑榬大租貳拾陸把一段南門外土名百畝步嶺尾大租貳拾把一段學后土名準提閣大租叁把一段桃洲土名樟坑

大租肆拾把一段喜鵲隘土名嶺尾大租叁拾叁把一段四都源頭土名山垅大租拾捌把一段藁山下土名苧蘇𭢟大租拾把六都一段土名上下湖大租叁拾把一段土名黄衕菊水大租貳拾把一段土名上步大租叁把一段土名屏風山下大租拾柒把一段坑里土名洋心大租肆拾把一段土名墻圍內大租捌把一段社龍𭢟大租捌把一段廟門大租伍把一段土名龍口𭢟大租肆把一段坑里土名塹下大租拾伍把一段土名若𭢟大租貳拾伍把一段土名長過大租叁拾伍把一段土名張老嵩大租拾伍把三都南坑一段土名黄山樹大租貳拾肆把一段土名內壇嶺大租拾壹把一段內壇嶺大租拾壹把一段土名冬瓜垅大租拾伍把 一在四都濛上村

歲旱禱雨輙應乾隆五十一年知縣趙域以能澤地產酬之

順濟陳氏夫人廟西門內 康熙三年重修記見藝文 乾隆五

十七年吳來儀等倡捐拆下堂改造戲臺兩廊大門以及神厨道光五年首事吊租增建後堂

平水王廟東隅后田神姓周名愷温郡人南宋時顯靈封爲平水大王事見永嘉郡志

葉元帥廟東隅后田嘉靖二年建嘉慶五年重修一在十都黃番村里人毛先華等建一在十二都黃垻村

馬侍郎廟東隅后田明天啟三年建道光十五年吳東垣等倡建一在柿兒村

徐夫人廟北門外崇正間邑令趙公璧夫人有德於民百姓建祠祀之詩見藝文嘉慶五年燬六年重修光緒

元年重修增建兩廊并下堂

文武廟十二都姚村道光二十六年建

馬侍郎廟十二都山頭舊同治三年建

文昌廟黃壇水尾光緒元年貢生季鑑等建

東山廟九都竹口阜梁橋上

五顯廟在十一都中村監生丁可富郭炳炎等倡修舊遺田租貳拾餘石一段土名高山一段仙后一段外塢鷄母巢一段根竹山土名碓下圳頭遞年合村擇日祭神報賽

餘三廟下沈村奉五穀神吳森沈朗炳鄭大成蔡克明等捐建

傍邊廟上都東山后

永安社廟上都富樓源

永德社廟上都黄楢坑

凌雲社廟上都楊家庄

國坪社廟上都同治十三年建

南隆廟二都賢良乾隆辛巳年建

福安廟二都南洋嘉慶年間重修

永興廟二都四漈頭

永川廟二都漈面村

崇安社廟二都西川吳夏涵吳長元張光清張光岳倡建

夫人廟二都黄泥湓

五穀仙廟二都庫坑道光廿六年建

福興社廟庫坑咸豐五年建

平水王廟三都烏石嶺咸豐十年陳炳棟翁高福夏芳仁等建

神農廟六都淤上同治七年耆民夏芳普藍金魁重修

吳師公廟四都高漈

馬仙廟半岱村道光己巳年葉士桂士秀士員等建

允甯社廟二都岩坑

五穀神廟四都黄堂岡頂歲旱禱雨輒應

祠

楊公祠太平門 明崇正十五年建祀知縣楊芝瑞嘉慶四年燬 十二年吊租復建

樊公祠石龍山 明天啟間建祀知縣樊鑑久廢附祀三官廟

張公祠石龍山下 明萬歷間建祀知縣張學書久廢同治七年遷祀戴德祠

程公祠程公橋頭 康熙九年建祀知縣程維伊久廢同治七年遷祀戴德祠

戴德祠同治七年闔邑士民捐建祠在
武廟頭門內右邊將前祀張程二公神位移送祠內並
後有功德于民者悉附列焉
明
張學書
國朝
程維伊　鄒儒　典史鄒景椿
董鞏縉　鳴山
呂璜　呂懋棨

義勇祠九都竹口　明嘉靖二十四年爲義士吴元脩立久廢　嘉慶十九年嗣孫吴粹圭等復建

皆義祠石龍街　明嘉靖四十一年爲義士吴鳳鳴吴德中吴篪立今廢

以上二祠奉文追建其有各姓宗祠并附于後

吴文簡祠上管舉溪一　明嘉靖間重建在城西隅

姚光祿祠南門内上倉　隆慶六年建

吴都巡祠坑橋

劉知新祠五都淳熙間建乾隆間重修

吳諫議祠一在下管大濟明隆慶間建一在三都坑井明萬歷間建

吳大理祠下管大濟宋初建元至正燬于寇康熙十二年嗣孫世臣等衆建今地

周光祿祠二都周墩明嘉靖間建道光乙酉移建月山下今遷橫田塍

吳儀真祠二都底墅明宏治間建

王伯厚祠一在九都竹口一在十一都上源村

陳尙書祠九都竹口官倉後

葉提舉祠北門外潭頭嘉慶元年重修

季運使祠在城西隅

周希一祠東隅上倉乾隆辛酉年建

余恭一祠城西隅乾隆乙未年建舊名安慶祠

姚德七祠上倉埜塘嘉慶十三年建

葉廷祥祠城東隅

胡中銓祠二都左溪

葉辛五祠二都賢良

葉孝廉祠後田上葉

葉德一祠後田

吳知縣祠六都芸洲

夏知縣祠六都山根一在余地

范彦友祠二都漈面

葉辛八祠二都岩下

季承九祠九都黄壇

毛均抱祠二都青竹

吴崇五祠二都河地

張萬四祠二都黄沙

陳甲二祠二都蔡川

胡思廣祠七都呂源

練六四祠二都楊橋

黄時賜祠二都黄墵兒村

練明椿桂祠黄墵兒村咸豐六年重修

范興福祠大岩村

甘文興祠二都半路村

范德二祠楊朗坑村

許朝議祠九都竹口

沈少尹祠九都杀鳥

周文十二祠後田嘉慶二十年建

沈文用祠九都崔家田教諭沈鏡源偕男丙瑩俱有記

周維四祠石記岱村康熙四十五年建

范少三祠二都南洋乾隆二十八年建

胡伯八祠二都青竹

吳榮昌祠二都新村嘉慶十八年建

鄭氏宗祠二都水寨村嘉慶己酉建

胡亚十一祠二都竹坪

張坤二祠城西隅

胡氏宗祠二都留香嘉慶十九年建

吳文齊祠二都官塘

劉氏宗祠後倉坑道光元年建

吴氏宗祠后倉坑同治十三年建

吴隆森祠楊家庄同治四年建

楊氏宗祠西溪同治七年建

吴鳳文祠竹口鏡水圍內咸豐壬子年建

吴含芳祠竹口后田

吴巽十五祠山頭龍岩同治十二年吴之勳獨建

范文進祠新窑同治七年建

吴忠順祠竹口橋埜嘉靖廿四年建

周氏宗祠十都仙庄

范氏家祠坑口后侖君范子川獨建因無子捨入田租六百把與族人輪流值祭立碑以垂久遠

練君弼祠后田道光二十年建

季敬二祠半嶺同治四年季登鰲等建

瞿敬一祠三都根竹山同治五年建

姚庄二祠五漈下道光二十年建

吳辛三祠陳村康熙庚辰年建道光壬辰年修

陳灝一祠獨頭同治十一年建

余氏宗祠四都高漈村余光通倡建

陶耀三祠山頭洋道光十六年建

陶咸三祠在山頭洋

吳行郎祠樟坑咸豐七年建

吳顯員祠樟坑同治元年建

吳萬六祠隆宮同治六年建

黎綱六祠五都同治五年嘉升書升等建

范義芹祠白嶺頭道光二十二年建

吳氏宗祠慕后坑監生其煇生員劍等造

范源公祠白嶺頭同治九年建

周汝南祠二都湖池

陳雙一祠三都烏石嶺

吳時敬祠二都坪頭

范科公祠余村道光二十七年建

陳三公祠西川道光年間建

張文聘祠西川道光年間建

吳福顯祠西川咸豐五年夏植夏長長元等倡建

夏氏宗祠蔥蘇同治十三年宏瑎宏滿等建

周艮五祠長龔同治十一年必定等建

吳達十一祠朱㘭道光十六年建

吳氏宗祠岡根乾隆四十六年建

陳現公祠坑下道光十九年建

陳嗣二祠黄坭濕乾隆十八年建

吳叔恩祠二都高任同治甲子年建

周濂溪祠黄土洋

葉志貴祠在半嶺咸豐四年葉國貴仝士桂士秀士員等建

沈因穩祠九都爐坑

吴榮顯祠二都新村嘉慶甲戌年建

葉辛七祠桃坑村

劉千九祠岩坑村　劉氏宗祠一在合湖村

吴公全祠二都淤上村道光八年建

林誠七祠二都山柿扎州村

葉辛三祠二都梁廣坑

胡氏宗祠二都岱山根

吴伯二祠二都黄壇嘉慶庚午年建

吳丙五祠二都石板倉嘉慶庚午建

陳仁二祠二都南洋村嘉慶丁丑建

吳崇六祠二都洋邊

吳三讓祠一在二都黄水村祠孫熹振增森等建一在三推村二祠俱存匾揚

胡文泰祠二都東山后嘉慶已巳建

周瑛一祠二都岱根村道光癸未重建

陳香宗祠二都大洪村道光丙戌建

吳常四祠二都黄皮村道光辛卯建

以上各姓宗祠

冢墓

人有立德立功立言者謂之三不朽冢墓之志

準此以斷舍是不與焉

給事中王應麟墓即王伯厚在竹口水尾廻龍潭後

尚書陳嘉猷墓九都伏石嶺下

狀元劉知新墓五都慈照寺前山下

大理卿吳崇熈墓下晉大濟金釵山

知府吳轂墓下晉大濟

侍郎胡紘墓四都黃堂岡

御史吳玥墓四都馱坑

縣尹吳平墓上管蔡地塘均

主事吳杰墓下管大濟

縣丞姚大齡墓七都隆宮

知縣吳大豪墓十都潘岑山頭洋

縣丞吳南明墓七都隆宮

經歷季時芳墓七都小林源

訓導王錫俸墓魏溪上源

貞女葉養姑墓大濟坑兒彎

貞女吳淑姬墓安定橋上官陂頭山

推官吳潭墓下管大濟

同知姚文焻墓五都慈照寺前

通判吳伯齡墓五都金村舖

知縣吳子深墓上管官擇林

通判吳俸墓六都外桐

隱逸葉瑗墓縣東大銘寺後

義士葉仲儀墓四都坑西横塢

主簿周班祿墓四都墓庵

萬戶葉國英墓魏溪李塢隴

孝子葉儼墓祝家洋

孝子季叔明墓七都中村

通判吳世勳墓十二都桐山

知縣吳贇墓魏溪

鴻臚寺序班吳儒墓松溪岩下

通判林存中墓二都南辦

知縣吳伯儒墓十二都白渡口

同知吳禋墓十二都大澤路後

知縣周宗林墓九都上洋

巡道吳鐵墓上管半溪路后壟

州判吳圓墓東山后墓突

知縣吳子昇墓洛嶺洋細蓮花後

按經歷吳穆墓松溪呂源村后

巡司吳在墓上管洛嶺源尾崗

知縣吳紀墓東溪村尾門前猛虎林

巡司吳衍慶墓十二都山頭鷓鴣

衛指揮吳公轍墓洛嶺蓮花山

教諭吳得壽墓學后金欽園

教諭吳行可墓學后下洋山

孝子吳之英墓魏溪眠犬山

義士吳昌興墓四都墓菴嘴

義士吳來成墓周墩西遠山

義士吳來雍墓魏溪慈照寺后山

節婦葉鮑氏墓四都瀆田

節婦周楊氏墓魏溪猪背坑

節婦姚季氏墓二都蓋竹屋後崗

節婦吳沈氏墓十都中際

慶元縣志卷之六

知慶元縣事林步瀛史恩綸重修

武備志

關隘　兵制　紀事

慶邑山谿險隘地屬彈丸夷曠之區所在絕少殆非用武之地也然國之大事在祀與戎兵可千日不用不可一日不備舊志不敘兵制失之偏重茲從府志補入俾守土者揆文奮武各奉其職以期無忝云爾

志武備

關隘

慶三面距閩鳥道菁峒雖內有城池全憑六隘以爲外蔽明崇正間閩寇入境恃此無虞咸豐八年髮賊竄掠四面受敵更賴各隘守禦始得保全據險扼要一人守可萬人敵關隘之設不綦重哉

關

伏石關九都竹口距縣六十里

隘

石壁隘二都周墩縣東八里咸豐七年從新重建

喜鵲隘二都縣東北十里

烏石隘三都縣西南十五里今廢

西山隘三都縣西十里咸豐七年從新重建

馬蹄隘下管縣南八里咸豐七年從新重建

龜田隘六都縣北二十里今廢

楝蘭隘八都縣北二十里咸豐七年重建復添外隘

已上諸隘皆明崇正十四年知縣楊芝瑞重建又捐俸置田於喜鵲隘有記見藝文 順治十八年知府周

茂源按慶見棘蘭地界松溪復建隘樓置兵廵禦

王益朋有記見藝文

角門隘五都縣北五里

石門隘十二都大澤縣北七十里

白鶴隘三都

嚴洋隘三都

八爐隘二都縣東八十里

梅坳隘二都栗洋縣東北四十里

高山隘四都

蓬塘隘九都縣北六十里　高巖隘在糸烏坳頭

飯甑龍隘四都濛上縣北十五里

黃垓隘二都嶺頭縣東北六十里上下有壘二所原皆隸慶元因嘉靖年間丈田隘田隘屋俱爲景寧人所佔始分上屋屬景下屋屬慶其稅糧累慶經年訐告至萬歷四年守道王委本府同知陳勘驗轉委遂昌知縣黃景寧知縣林慶元知縣沈親至其地履畝會審越五月乃得其情斷糧輸慶民皆悅服文案可攷

黃坑坳隘在七都黃坑村外由松來慶要口咸豐十年知縣何福恩飭董捐造以資保衛

兵制

設武備以戒不虞城守有職偵察有人咸照府

志開錄列明制於前以今制續後以見我
朝損益之宜酌前代而加密云

明

弓兵 洪武三年葺縣治歲役弓兵三十六名以屬巡

檢司巡檢率領盤詰巡邏

教場 在縣舊儒學址下萬歷十一年知縣沈立敬以

其地近縣治遷建城北角門嶺頭崇正十四年知縣

楊芝瑞改建咏歸橋下附射圃於其旁

敵臺二 一在雲龍門外二里文筆山之下

一在十二都去縣北六十里大澤之隘

慶元縣民兵貳百陸拾名　内防守壹百叁拾名鳥銃壹百叁拾名鳥銃係土著義勇頒習不受值於官

歲徵餉銀七百二十兩

棘蘭巡簡司弓兵二十五名

國朝

慶元駐防左廳把總一員一年一調

外委一員　守舉溪汛一年一調

把總署在太平門内康熙四十九年文武公捐購買民房改建

營房四西南門基址早失東北門基址尚存

教場演武廳在雲龍門外溪北火廢

小教場在濟川門外雲鶴山之麓同治九年知縣汪紱遷建於雲龍門外大

教場

竹口教場先年處州千戶張傍建今廢

軍器局在把總署左

慶元縣汛兵四十五名

竹口汛兵三十名　余地汛兵四名

安溪汛兵七名　舉溪汛

棘蘭汛兵五名　喜鵲汛

新窖汛兵八名　八都汛

明管寨後汛兵六名　白渡口汛

查慶元各汛兵道光年間除汰裁外留存六十三名同治三年變通兵制案內以六成減折裁兵二十五名又調留郡防兵八名實存縣城汛弓兵九名守兵二十一名其餘各汛概行汰裁

紀事

山陬僻壤之邦歷今數世人不識兵蓋寰宇之昇平久矣溯自明季以來揭竿有警伏莽時聞或邑宰之制變有方或鄉勇之聚義自保前事昭昭俱有可考今備紀之亦安不忘危之意爾

元

至正十五年山寇黄花自閩來燬縣剽掠而去

明

正統十四年己巳山賊龍岡九襲縣官兵討平之

九乘宣寇之亂率衆數百懸鏡爲甲臨陣輝目人莫與敵時縣無城賊因襲據縣治縱火沿燒署舍後投陶得二等不納歸爲官兵所殲遂平

嘉靖二十四年癸未山賊吳王姑嘯聚千餘人剽掠縣民騷動知縣陳澤引兵邀擊于蓬塘殲其衆平之

賊自號八先生出入閩越刼掠松浦間得勝長驅景慶龍遂之墟悉爲震駭知縣陳澤引兵擊殺先鋒吳元備鼓勇先驅獨斬數人以大兵後至遇害繼衆至併前賊衆悉爲所斃後論殺賊功立祠祀元備匾曰

義勇

四十年閩廣流寇入境剽掠知縣馬汝徯禦之賊衆二千餘人自松溪抵竹口刼掠甚慘聞縣有備至龍泉大掠而去

四十一年庚申八月壽寧山寇劉大眼據縣後山縣丞黃德輿引兵禦之

劉大眼率衆千餘人從山谷間出竹口轉掠裏和至縣據後山爲巢縣丞黃德輿力戰斬數十級賊計窮將走俄有邏寇自間道歸出我陣後夾攻官兵遂潰

死者甚衆義士吴得中吴鳳鳴吴麂皆死事聞司府下檄爲立祠祀之匾曰皆義

十二月劉大眼復寇縣訓導吴從周禦之

倭寇陷政和復圍松溪劉大眼意縣無備欲襲之一晝夜奄至城下時訓導吴從周視篆率民固守越數日兵備副使陳慶檄把總桂汝扳引兵七百來援賊知大兵至且攻且追卒潰散逃去

崇正十四年辛巳十一月閩寇張其卿犯境知縣楊芝瑞勦之

張其卿大掠龍泉突至喜鵲隘知縣楊芷之瑞統鄉兵禦之賊退屯萬里林隨令舉溪廩生吳懋脩吳之鯤率鄉勇搗其穴斬首百餘級賊遠遁

國朝

順治四年丁亥七月十九日閩賊雷時鳴犯縣執知縣李肇勳總兵劉世昌平之

時建寧兵亂流犯慶元執知縣李肇勳殺其三子妻自縊八月初一日鎮兵進勦賊夜遁民得安堵

五年戊子十月劉中藻同馮生舜等圍慶元官兵禦之

退

劉中藻福安人庚辰進士隆武委授在閩逼賊作亂

踞福寧寧德一帶同馮生舜等圖慶元視篆教諭戴

雲程遊擊董永義棄城去城陷十一月初三日松溪

兵至斬首五百餘級民死亦百餘人自北門至縣治

前民屋盡燬明年正月二十三日本府總兵劉世昌

遣兵防守民始安

六年己丑九月馮生舜攻縣殺千總李定國政和援兵

至遁去

生舜聚白頭數千寇縣李定國迎戰於下管赤搏嶺遇害遂攻城三晝夜知縣謝士登告急於政和縣援兵至夜遁

八年辛卯五月山寇陳文喜作亂知縣鄭國位滅之文喜聚衆千餘據百文山剽掠村落搶奪婦女闔邑震動里地白沙隆宮中村等處田地荒蕪知縣鄭國位帶官兵從白沙進勦復令下管廪生吳王晉吳銓臣率隆宮練勇劉仰之陳布吳茂林等從山後夾攻直擣其巢乃滅

十年癸巳七月閩寇李希賢葉付等刼竹口知縣鄭國位平之

希賢仙槎人聚賊三千餘人剽掠竹口搜山綑縛一百三十餘人到巢尉金知縣鄭國位親率鄉勇許光彦吳春傑楊茂大等固守檄請府鎮官兵合勦賊聞遁走

十月李希賢復掠上源等處鄉勇蔡來吉王明麟會衆攻之去

希賢復聚賊六千餘據河源四散搶掠焚燒民屋一

十二都蔡來吉王明麟會十八都鄉勇合力分攻殺
賊千餘乃滅
十一年甲午三月閩寇陸答掠二都九漈殺千總李尚
才紅旗袁魁自刎於陣
十三年丙申四月賊首魏福賢余赤等焚劫竹口
初余赤等焚劫上漈姚村一帶把總馮從羽檄松溪
官兵合攻斬首百餘賊遁至衢州嘯集魏福賢等五
千餘賊由船坑山坑兩路入竹口圍燒民屋六百餘
家公舘橋梁悉燬

十四年丁酉三月賊高彪殺掠二一都據九臺山千總李茂破之

康熙十三年甲寅正月耿逆作亂五月偽總兵徐尚朝遣其黨陷慶元十五年丙辰八月貝子率滿漢都統馬將軍喇台吉等率大兵討平之

時慶元城陷義勇吳詔功吳壽男戰没於陣事聞

恩恤其家各蔭一子授千總嘉慶元年

特恩追死事功復各蔭一孫

四十八年閩匪彭子英餘黨竄入盧坑村府道檄生員

吳鳳文率鄉勇逐之

咸豐七年丁巳三月粤賊自江西竄入閩省崇安邵武等邑警聞知縣周李爕飭董辦團爲守禦計

賊自江西鉛山竄擾閩轄之崇安邵武等邑慶接閩界民心惶惑李爕邀集紳董在城設局勸令富者出資貧者出力練民團募壯勇修築要隘用資防守

八年戊午二月賊陷浙之江常等縣分陷閩之浦松政三邑知縣周李爕督飭團勇防之

浦城松溪政和與慶接壤警至李爕飛飭紳董督率

團勇擇要守禦並令按糧一兩捐穀三石以濟餉需

賊知有備不敢犯

三月賊首僞翼王石達開犯衢州遣黨石進級等自龍游越青萌嶺走遂昌破松陽陷郡城慶邑大警

二十七日賊撲郡城時郡兵多調守他邑城中空虛衆寡不敵城遂陷警報迭至以先事預防賊氛雖熾而民情殊定

五月政和踞賊犯慶元南鄉知縣周李燮率團勇擊卻之

二十九日賊自政和出擾及慶元南鄉大溪地方李燮親率團勇迎擊賊潰奪獲旗幟器械無算生擒九人斬於陣前

六月賊復至知縣周李燮親督團勇擊退旋以郡城克復賊竄龍泉添募壯勇以資防守

初八日賊復糾大股來犯李燮督團勇力戰賊敗退

十五日郡城克復賊竄龍泉踞之慶與龍毗李燮添募壯勇加意嚴防以杜窺伺

七月賊由龍泉擾慶北鄉進逼棘蘭隘並糾松溪政和

踞賊大股來犯知縣周李燮督率團勇拒戰斃僞先鋒戚國宗賊退

初五日賊由龍泉擾慶北鄉竹口黃壇新窰等村該處道途平坦無險可扼派隊出剿團勇少挫退守棘蘭隘賊遽進逼危在呼吸李燮調集團勇策奇設伏出賊不意奮力擊殺擒斬多名賊退屯新窰等處時團勇多而餉需絀動支倉穀以濟初十日賊糾政和松溪踞匪由百丈山分路來犯以圖牽制李燮飭僚屬紳董分帶團勇一從百丈山一從白嶺頭一從棘

蘭隘三面兜剿殺賊無算鎗斃僞先鋒厰國宗賊氣奪至十三日分道竄去團勇乘勝追剿出境乃還

十一年辛酉五月賊自江西玉山闌衢州竄松遂陷郡城旋竄金華郡城克復

賊竄松遂知府李希郊率勇往堵至松邑之堰頭賊猝至戰失利被執不屈死於碧湖郡城遂陷旋官兵克復郡城賊竄金華

九月賊復自龍游走松遂再陷郡城警聞慶防愈緊賊復由龍游松遂再陷郡城賊氛日熾官紳率團勇

晝夜守禦賊不犯境
十一月賊犯雲和知縣何福恩飭董督率團勇援之
賊犯雲和福恩諭董率團勇往援並飭嚴守慶疆城
賴以全
同治元年壬戌二月賊竄景寧擾及慶之二都知縣何
福恩率團勇擊走之
慶二都與景寧接壤賊自景寧入犯福恩率團勇往
剿賊潰並調團添勇赴仙姑庫下道化各要隘防守
賊不敢犯景寧郡城先後克復乃撤防

七年戊辰九月齋匪吳昌彬昌新等作亂知縣劉濬擊平之

昌彬昌新兄弟也二都底墅人平日持齋惑衆於九月十一日約山岱村朱繼統等糾衆剽掠焚殺九漈上庄深鳥陳龍溪等村劉濬星夜募勇辦團率紳姚克友吳正喜等三面夾擊昌彬授首餘黨悉平事聞在事官紳陣亡勇丁等奉

旨分別奬䘏有差

慶元縣志卷之七

知慶元縣事林步瀛史恩綽重脩

風土志

習尚　歲時　禮制　坑冶　物産

正淫奢儉五方之風尚不同而整齊變化責歸司牧所視感之者何如耳方今

聖天子至德涵濡賢大夫仁風披拂比閭族黨間彬彬復古書此以爲採風問俗者之一獻可乎是作志之要也志風土

風略

慶元山多田少土瘠民貧力勤尚儉人多士著俗鮮獷頑蚕桑之利尚未有興

習尚

山國之民其氣剛以勁雖饑寒切身亦不肯鬻其子女然好訟喜鬬間亦有之至大奸大慝則未之聞四民之家先衣食而後詩書於子弟學業罕能培植上公車者甚少亦有初列黌序營心三窟衙訟甚議惟利是圖甚至學業不成竄入書吏以庇門戶

恬不爲怪士風不振未必不由於此以上叅錄府志

舊志云士守名節婦不外見敦詩書飭廉恥寧變產輸糧不忍受辱事非切已不敢擅至公庭故敦讓厚別兢兢禮教渾樸之風獨完

舊時屠販經紀惟無恒産者藉以餬口今則壟斷居奇皆出有力之家居鄉者以製蕈爲業老者在家壯者居外川陝雲貴無所不歷跋涉之苦甘如飴焉視其所獲十難居五大抵慶邑之民多仰食于蕈山

四民

士人家不畜僕童有場圃者雇人種蔬無者採買於市弟子閒時出就外傅入學後多務家政喜無遊人異物以遷其志亦無繁文縟節以蕩其心服飾布素不尚綺羅齊之以禮頗能復古

古者農之子恒爲農茲則不然或有耕而兼讀者或有耕而挂名胥吏者避役故也今里役已革民得專意田畝一年所出可贍數口邑中輿夫甚少習者性多倨傲非倍其値不肯行

工匠悉資外籍石工則寧德木工則江西近則紙廠

爲盛

行商以種蕈爲業其次運木者亦歲歲有之治前則

罕有

歲時

元旦禮神及祖奠三牲茶酒瓶插柏枝盆盛柿桔開

門放爆以兆百事之吉是日舉家食素午設羹飯

夜備茶菓薦于影室凡五日夜而止

次日祝禧親朋相賀留席幼者給以五彩菓品

上元自十三夜至十五夜架鰲山剪綵張燈迓土神
出遊笙歌戲劇襍沓往來夜闌則止
春社日祀社祈年分社肉做社餅以相饋送
清明日致祭祖祠標清祭掃先墳有祭田者在墓前
分散紅卵
立夏日作香羹
仲夏四日懸蒲艾以酒食角黍薦寢祀先相傳胡仲
淵以午日出師敗蔿遂沿爲例鄰邑皆然
端午日收百草沐浴飲雄黃菖蒲酒食角黍

六月六日曬衣書

中元家各祀先不舉寺祠内豎旛道場舉盂蘭會分散饅首

秋社祀神報穀

中秋夜飲食糕餅以賞月華

重陽祀先食角黍士人龍山登高

孟冬[illegible]釀紅粬酒

季冬月煎米飴

除夕晡前祀神祭先放爆竹曰辭年是夕守歲如古

禮

禮制

冠禮久已不行女子臨嫁而笄凡在戚屬名識者女家必答席

初議婚不及問名卽納手鐲項圈麒麟牌作聘記謂之揷定正聘時納白金若干不拘數謂之送茶始立庚帖女家則贈以物無禮謂之回聘請期餽禮或接以金謂之拜門擔娶日壻不親迎令兆鄉亦有之在城各鄉命小叔及冰人來接謂之壓轎女家

命子姪一人送親親入門時請老婦有福壽者作擯相引至洞房壻入對坐飲食用十全菜謂之氷飾飯日暮燃燭輝煌音樂具舉出拜天地祖先轉至堂前拜舅姑及各親友戚俱相見畢送入洞房行合巹禮

喪葬殁之日庭設靈座遷尸正寢舉奠飯是夜延巫報靈親友來弔謂之相望人子執杖跪伏號泣次日戚屬婦女亦來相望喪家具素以待哺時入殮羅列牲醴讀祝舉哀杖巫的呼人子不避孤虛戚

屬有犯者則避之蓋棺已畢留衆餕餘以後各親
不限弔期各具香楮素菜以賻延僧誦經謂之薦
亡出殯選日有山即葬無者停于土室有延至數
十年而不葬者蓋風水之説誤之也
祭自春秋時享外生辰死忌不論貧富俱薦于正寢
遇初度之年富者宰牲牢設盛饌以祭貧者脩牲
酒醴百歲而後已有醮租者當忌日子孫助祭餕
餘各給饅首不限百歲之期
坑冶

昔者鑿坑之徒悉屬亡命幸而獲則肝腦塗地亦不憚不獲則聚爲礦盜刼害一方今坑場幸以俱廢百數十餘年來民不攤賠亦不科料誠我

朝之善政也

按舊志坑冶有十在一都者曰銀屏坑八壚坑陳家坑毛泮坑石濵坑在二都者曰淌泮坑横巖坑箬坑天堂坑在十一都者曰葛田坑以上十坑俱久

廢

物産

馮生之族辨土所宜樹畜有時樽節有度亦王政之一端乎慶邑水土寒薄所産無奇而物力消長又不能無今昔之異茲核實所出載之於册以見民生日用其所需有如此云

穀屬

冬瓜白粒細而色白粒大白晚熟　芒早稈勁有芒　紅米肚粒純赤　粳色　百日早七月初先熟　齊頭粒大雪色味香甘先熟　旱穀種于無水處因名　馬鬃早　青梗早　火燒穀已上秔稻　木樨糯　天罡穤　企企變　烏節　白芒　紅殼　白殼　馬鬃糯

野豬惡　光稍已上稬稻　大麥　小麥　蕎麥　花麥

粟秔稬二種　芝麻黑白二色　黃豆　烏豆　菉豆　羊鬚豆

赤豆　雲豆　豇豆　刀豆　三收豆　羊角豆

包蘿

蔬屬

薑　薯　芋　葱　蒜　韭　薤　莧　萵　芹

蕨　筍　蕈　茄　菠薐　苦蕒　萵苣　芫荽

莙薘　蘿蔔　苦薏　油菜　冬白　冬芥

蓏屬

冬瓜　北瓜　黄瓜　絲瓜　苦瓜　匏

菓屬

桃　李　梅　杏　柰　柿　柑　橘　梨　栗

棗　榧子　石榴　楊梅　枇杷　林檎　葡萄

橄欖　苦櫧　陳梨　山棗　香櫞

木屬

松　柏　杉　榅　樟　楓　槐　桑　桐　椰

椿　欏　柏　柘　櫧　桂　檜　梓　榧　樗

檀　冬青　櫻櫚　想思木

竹屬

雷 猫 石 筀 紫 斑 水 苦 筋 箬

慈 麻 矮 黄 觀音 鳳尾

花屬

牡丹 芍藥 芙蓉 木樨 紫荆 臘梅 荷

矮桃 郁李 水梔 薔薇 茉莉 鷄冠 葵

瑞香 山茶 玉簪 鳳仙 杜鵑 海棠 蘭

佛桑 鶯粟 玫瑰 木筆 百合 蝴蝶 菊

玉繡毬 月月紅 剪春羅 美人蕉 千瓣榴

草屬

芭蕉　萱草　菖蒲　龍鬚　鳳尾　觀音　蘆

菅　茭　茅　蘋　藻　萍　瓦松　青鋒劍

羽屬

雞　鵝　鴨　燕　鴿　雉　鵲　黄鸝　鷓鴣

鷺鷥　畫眉　翡翠　竹鷄　鵪鶉　鳩　杜鵑

百舌　山鷄　啄木　鴉　烏鵰　鶺兒　郭公

瓦雀　鵓鴿　布穀　黄頭　鷹　田雞　禿鶖

鵴　梟　紅裙

[illegible]

牛 羊 犬 猪 猫 虎 豹 豺 狼 熊

猿 猴 鹿 麂 兎 鼠 獺 野猪 鎗猪

漢猪 狐 狸 竹鼲 恒鼠 山羊 九節狸

玉面狸 山犬 地豚

鱗屬

鯉 鯽 鱖 鯶 鰔 鰂 鰳 鯖 鰻 鱔

鰍 白 石斑 圓眼

介屬

黿 鼈 蟹 蚌 螺 蝦 穿山甲

蟲屬

蠶 蜂 蛺蝶 蟬 蠅 蝙蝠 蚯蚓 蜘蛛

蜻蜓 蟋蟀 蝦蟆 蚱蜢 蛙 蜈蚣 螳螂

蛇 螻蟻 螢

藥屬

白术 茯苓 枸杞 黃精 百合 厚朴 艾

槐角 苦參 荆芥 梔子 威靈仙 野甘菊

半夏 薄荷 紫蘇 茵陳 覆盆子 五倍子

黃連　香薷　益母　勾藤　天門冬　金罌子
車前　香附　木賊　淡竹　金銀花　石菖蒲
前胡　小茴　南星　辛夷　谷精草　瓜蔞仁
石斛　木通　茱萸　葛根　桑白皮　白扁豆
槐花　青皮　木香　陳皮　劉寄奴　天花粉

貨屬

苧　筍乾　毛邊紙　靛　香蕈　朱蕈　石衣
蕨粉　蜂蜜　白蠟　紅麯　茶　燭